Rowohlt Verlag GmbH, Kirchenallee 19, 20099 Hamburg

Kontaktadresse nach EU-Produktsicherheitsverordnung:
produktsicherheit@rowohlt.de

Der Journalist und Satiriker Christian Y. Schmidt kennt sich in China bestens aus, ist er doch mit einer Chinesin verheiratet und lebt in Peking. Hier beobachtet, probiert und kostet er, was er an typisch Chinesischem, an Seltsamem und Bemerkenswertem vorfindet. Aus seiner «Titanic»-Kolumne «Bliefe von dlüben» ist dieses Handbuch für künftige Chinaversteher über Kultur, Alltag und Politik entstanden.

Mit viel Charme und zuweilen grellem Witz erzählt Schmidt, wie er sich unerschrocken durch den chinesischen Alltag manövriert: Im Restaurant bekommt er lebenden Fisch serviert, und die Raubkopie von «Bridget Jones», auf die er sich so freute, hat «Piano»-Untertitel. Außerdem kennen Taxifahrer hier keine Anschriften; sie orientieren sich grob am Stand der Sonne, dem Vogelflug und den Gezeiten. Aber es geht Schmidt auch um ganz solide Fragen, zum Beispiel, welche Folgen die von der chinesischen Regierung initiierten Zivilisierungsmaßnahmen (nicht rotzen, nicht rauchen, nicht im Pyjama rausgehen) für Chinas Kultur haben.

Kurz: In diesem Buch findet sich alles, was man über China wissen will – komisch, unterhaltsam, lehrreich.

Christian Y. Schmidt

Bliefe von dlüben

Der China-Crashkurs

Rowohlt Taschenbuch Verlag

4. Auflage Februar 2021

Überarbeitete Taschenbuchausgabe
Veröffentlicht im Rowohlt Taschenbuch Verlag,
Reinbek bei Hamburg, November 2010

Umschlaggestaltung ZERO Werbeagentur, München,
nach einem Entwurf von any.way, Hamburg
(Fotonachweis: China Daily/Reuters/Corbis; any.way,
Hamburg) Satz Quadraat PostScript (InDesign)
bei KCS GmbH, Buchholz bei Hamburg
Druck und Bindung BoD - Books on Demand GmbH,
Norderstedt, Germany
ISBN 978-3-499-62583-1

Für Walter Myna

«Five years in China is a long time.»
(Marlene Dietrich
in Josef von Sternbergs
Shanghai Express, 1932)

Inhalt

III Mittelstufe

IV Oberstufe

V Das große China-Abitur

Der schnellste Weg zum China-Abitur

Seit mehr als dreißig Jahren öffnet sich China der Welt. Etwa genauso lange wimmelt es im Land auch von westlichen Journalisten und Reportern, die unablässig Bericht erstatten. So sind auf westlichen Fernsehkanälen mittlerweile unzählige China-Features gesendet worden, und es ist tonnenweise Chinaliteratur erschienen. Trotzdem haben fast alle Besucher, die zum ersten Mal zu mir nach Peking kommen, keinen Schimmer, was sie hier erwartet. Kaum einem war vorher wirklich bewusst, dass in China momentan die größte materielle Umwälzung stattfindet, die die Welt je erlebt hat. Und die meisten staunen darüber, wie dieses Land jetzt aussieht und was das für seltsame Auswirkungen auf den Alltag der Chinesen hat.

Diese Ahnungslosigkeit hat mehrere Gründe. Einer ist, dass es einfach einen Haufen von Mythen und Legenden über China gibt, die sich in den Köpfen der Westler festgefressen haben und hier die Aufnahme neuer Informationen verhindern. Ein solcher Mythos ist zum Beispiel, dass die Chinesen rätselhafte Menschen sind, die wir kaum verstehen können. Ein anderer, Chinesisch sei eine nur sehr schwer erlernbare Sprache. Ein schönes Beispiel für eine im Westen nicht auszurottende Überzeugung ist auch der Glaube, die Chinesen könnten kein R aussprechen. Tatsächlich sind sie dazu sehr wohl in der Lage. Für die Pekinger ist das typische Pekinger «r», das sie im Mund rollen wie die Siegerländer, sogar so etwas wie ihr Dialektmarkenzeichen schlechthin. Sie lieben diesen Konsonanten so sehr, dass sie ein n am Ende eines Wortes gerne durch ein r ersetzen.

Dafür ist im Westen kaum bekannt, dass viele Südchinesen kein Sch sprechen können, worüber sich die Nordchinesen nicht wenig lustig machen. Und keiner außer mir weiß, dass meine anmutige Dolmetscherin eine leichte H-Schwäche hat. So sagt sie statt «Gehirn» «gering», was sehr lustig klingt. Ich muss trotzdem jedes Mal widersprechen. Gering ist das Gehirn meiner Dolmetscherin nämlich nicht, denn sonst könnte sie mir ja wohl kaum Chinesisch so perfekt ins Deutsche übersetzen. Andererseits können tatsächlich manche Chinesen kein R schreiben, wie man auf dem chinesischen Cover einer Johnny-English-DVD nachlesen kann: «He kmows no feal, he knows no dangel, he kmows nothing», vgl. auch Seite 71. Nur aus diesem Grund ist das L-Wortspiel im Titel dieses Buches auch gerade noch so gerechtfertigt. Eigentlich wurde es aber nur um der besseren Verkäuflichkeit willen gemacht. In Deutschland findet man halt Bücher über China mit R-L-Fehlern sehr komisch.

Ein anderer Grund für die Unkenntnis im Westen ist paradoxerweise die Berichterstattung etlicher Journalisten. Dabei ist den wenigsten, die mit mir in China leben, etwas vorzuwerfen. Die meisten sind alte China-Hasen, die ihre Kundschaft zu Hause nach bestem Wissen und Gewissen mit Nachrichten und Einschätzungen beliefern. Das falsche Bild wird in der Regel zu Hause gemalt, von den Redaktionen, die die Informationen auswählen, kommentieren und bewerten. Menschenrechtsverletzungen, Umweltskandale, Bauernaufstände und Krawalle von Minderheiten gehen bei ihnen immer gut, gern wird auch etwas Folklore genommen. An positiven Meldungen, wie und warum China wirklich funktioniert und wie der durchschnittliche chinesische Großstädter so lebt, besteht dagegen weniger Interesse.

Dazu kommen die Berichte von Journalisten, die sich nur für ein paar Wochen in China aufhalten und sofort meinen, den vollen Durchblick zu haben. Ein schönes Beispiel für diese Spezies sind die Talkshowtante Sandra Maischberger und der Sportchef des Hessischen Rundfunks, Ralf Scholt. Beide glaubten offenbar, geschätzte zehn Minuten China-Briefing reichten aus, um die Eröffnungsfeier der Olympischen Spiele in Peking kommentieren zu können. Beim Einmarsch der Nationen ins Olympiastadion erzählten sie ihrem Millionenpublikum neben vielem sonstigen Unsinn, die deutsche Delegation würde das Stadion später als bei anderen Spielen betreten, weil sich die Reihenfolge der Mannschaften nach dem «chinesischen Alphabet» richte. Nun haben die Chinesen überhaupt kein Alphabet, sondern Zeichen, was etwas radikal anderes ist. So konnte sich der Einmarsch eben nicht nach der Reihenfolge der Anfangsbuchstaben der Ländernamen richten, sondern musste sich an der Komplexität der Zeichen orientieren, die im Chinesischen für das jeweilige Land stehen. Die Länder, deren Zeichen sich aus wenigen Strichen zusammensetzen, liefen also zuerst ins Stadion ein, die mit vielen Strichen erst später. Weil aber das Zeichen für Deutschland 德 (= de) mit fünfzehn Strichen bereits ein hochkomplexes ist, kam die deutsche Delegation kurz vor Schluss. So einfach war das, aber offenbar für Frau Maischberger und Herrn Scholt bereits zu hoch, um es vor der Moderation zu lernen.

Erzählen die Quatsch, weil sie es nicht besser wissen, tun andere das, weil ihr Unsinn einfach besser zu einer These passt, die sie sich schon zu Hause zurechtgelegt haben. So behauptete im August 2008 ein Redakteur der Süddeutschen Zeitung, der für die Olympischen Spiele offenbar kurzfristig nach Peking verschickt worden war, in seinem Blatt: «In der 17-Millionen-Einwohner-Stadt ist der Mundschutz zum ganz gewöhnlichen Kleidungsstück geworden – so wie Sonnenhüte am Strand oder Wollschals an der Skipiste.» Das ist nun schlicht erfunden. Mundschutz wird in Peking höchstens bei SARS-Epidemien, den Sandstürmen im Frühjahr und Erkältungswellen oder aber von ganz wenigen überkandidelten Damen getragen, sonst nicht. Zwar scheint diese Falschmeldung auf den ersten Blick nicht weiter dramatisch, doch impliziert sie auch, dass bei uns in Peking die Luft so schlecht sei, dass sich niemand mehr ohne Mundschutz auf die Straße traue. Dazu kann ich nur sagen: Die Luft hier ist zwar oft wirklich nicht besonders, aber längst nicht so miserabel, wie die westlichen Medien immer tun.

Diese Fehlerliste ließe sich noch lange fortsetzen, zumal bei der politischen Berichterstattung und Kommentierung. Und so werden die schönsten China-Irrtümer auch im Verlauf dieses Buches immer wieder ein Thema sein. An dieser Stelle soll nur noch kurz das kenntnisloseste Stück China-Impression gewürdigt werden, das mir bisher unterkam. Es handelt sich um die Tagebuchnotizen von Christine Morgenroth, einer Professorin für Sozialpsychologie an der Universität Hannover, die im September 2002 zusammen mit Oskar Negt und anderen in China unterwegs war. Abgedruckt ist der Bericht am Schluss von Negts Buch «Modernisierung im Zeichen des Drachen», das eigentlich ganz interessant ist. Die von Morgenroth verfassten vierzig Seiten aber strotzen von Fehlern und Plattitüden. Sie schreibt Namen von Menschen, Städten und Sehenswürdigkeiten falsch, sodass aus der Stadt Fengdu «Fangdu» wird und aus Baidi Cheng, der White Emperor City, die «White Conqueror City». Ein Mondkuchen, der alles Mögliche enthalten kann, aber in der Regel keinen Mohn, wird bei ihr nichtsdestotrotz zum «Mohnkuchen». In Shanghai meint sie eine «Hafenrundfahrt» auf dem «Yangzi» zu machen, der Fluss, auf dem sie herumschippert, heißt jedoch Huangpu. Außerdem will sie dem Leser einreden, der durchschnittliche Monatslohn eines Arbeiters in der Boomstadt liege bei hundert Yuan, also umgerechnet zehn Euro. Tatsächlich betrug er aber schon 2002 das Zehnfache. Sie staunt allen Ernstes darüber, dass es in China reiche Menschen gibt, erklärt ihren Lesern, das Vermieten von Wohnungen sei verboten («es wäre privates Unternehmertum»), und Taxifahrer in Shanghai nähmen aus Angst vor der Polizei keine ausländischen Touristen mit. Beides ist natürlich Quatsch.

Diese völlige Verkennung der chinesischen Verhältnisse wäre eventuell noch zu akzeptieren, wenn Frau Morgenroth ansonsten bei Lidl an der Kasse sitzen würde und ihre Eindrücke unter der Überschrift «Mein schlimmstes Ferienerlebnis» in ihrem Privatblog veröffentlicht hätte. Von einer Professorin aber, die einen Aufsatz in einem Buch publiziert, das in einem renommierten Verlag erschienen ist, sollte man eigentlich ein Minimum an Recherche erwarten. Stattdessen aber schlägt sie in ihrem Text einen Ton an, der in seiner Blasiertheit schwer zu übertreffen ist. Anlässlich eines Vortrages, den sie zusammen mit Oskar Negt an der Shanghaier Tongji-Universität vor chinesischen Akademikern auf Deutsch hielt, schreibt sie: «Die Bedeutung der wechselseitigen Abhängigkeit von Gesellschaftlichkeit und Subjektivität und die subtilen und differenzierten Formen der wechselseitigen Beeinflussung, über die wir ja ständig nachdenken und wofür wir Konzeptualisierungen entwickeln wollen und müssen, diese Frage stellt sich den Chinesinnen und Chinesen hier vom Denkerischen her zunächst überhaupt nicht.» In vernünftiges Deutsch übersetzt muss das wohl heißen: «So richtig gut denken können die Chinesinnen und Chinesen nicht. Auf jeden Fall nicht so gut wie ich.»

Man stelle sich vor, ein Professor würde Ähnliches über die USA und die US-Amerikaner verbreiten. Den Hudson River in New York würde er in Mississippi umbenennen, aus dem Mount Rushmore würde er Mount Rashmore machen, und außerdem würde er seiner Überzeugung Ausdruck verleihen, dass alle Amis «vom Denkerischen her» etwas minderbemittelt seien. Die Aufregung wäre sicher riesengroß. Über China dagegen kann man alles Mögliche behaupten, egal, ob es nun stimmt oder nicht, und es ächzt höchstens mal ein Sinologe zu Hause an seinem Schreibtisch.

Oder ich. Denn ich habe dieses Buch auch geschrieben, weil ich mit einigen falschen Vorstellungen und Behauptungen über China und die Chinesen aufräumen will. Stattdessen soll dieser kleine Crashkurs in fünfunddreißig abwechslungsreichen Lektionen zeigen, dass China oftmals sehr viel anders ist, als man es sich in Deutschland vorstellt: viel lustiger, viel liberaler, viel anstrengender, viel komplizierter und viel widersprüchlicher, aber vor allem auch viel normaler. Den Stoff für dieses Buch habe ich mir im Laufe von zwei Jahren in Singapur und sechs Jahren in China in harter Kleinarbeit angeeignet. Damit halten Sie allerdings nicht ein Buch voller Tipps in der Hand, die Ihnen verraten, wie man als Ausländer in China am besten klarkommt. Das in diesem Buch versammelte höchst disparate Wissen ist eher dazu gedacht, den Leser in die Lage zu versetzen, auf Partys zu glänzen. Es handelt sich also um typisches Angeber- und Aufschneiderwissen, das Sie wahlweise in Peking oder Shanghai, Berlin oder Bielefeld anbringen können. Sie müssen also gar nicht unbedingt nach China fahren wollen, um dieses Buch zu benutzen. Ein Ausflug in die Kneipe oder den Club um die Ecke reicht.

Aus Gründen der Didaktik und weil das Tor des Himmlischen Friedens in Peking fünf Tore hat, habe ich den Lehrstoff dieses kleinen Chinawissenskurses in fünf Abteilungen aufgeteilt: Vorschule, Unter-, Mittel- und Oberstufe sowie eine Lektion, die Sie ganz gezielt auf das große China-Abitur vorbereitet, das Sie nach der Lektüre dieses Buches ablegen können. Der Unterstufenstoff beginnt mit der Lektion «Franz Lehár ist eine dumme Sau», in der die Irritationen beschrieben werden, die ich bei meiner Ankunft in Peking empfunden habe. Nur ein paar Monate später sind diese negativen Gefühle einer ungezügelten Begeisterung für die Stadt und ihre Bewohner gewichen. Da diese Emotion nur teilen kann, wer bereits einige Erfahrungen in Peking gesammelt hat, habe ich die Lektion, die diesen Stoff behandelt, dem fortgeschrittenen Mittelstufenwissen zugeschlagen. Das Oberstufenwissen umfasst dagegen einige Spezialinformationen, die sich eigentlich nur derjenige aneignen sollte, der wirklich alles wissen will und auf das China-Abitur scharf ist. Oft ist die Zuordnung des Lehrstoffes aber auch völlig willkürlich und an den Haaren herbeigezogen, so ähnlich wie im echten Leben.

Das heißt natürlich nicht, dass das ganze hier zusammengetragene Wissen über China und die Chinesen nicht wirklich gründlich recherchiert worden wäre. Das gilt auch für alle Sachverhalte, die komisch, bizarr oder unglaubwürdig klingen. Andererseits kann ich nicht für jede Information hundertprozentig garantieren. China verändert sich in einem Umfang und Tempo, wie sich in der Geschichte der Menschheit von der Steinzeit bis heute noch nie eine Region verändert hat, sieht man einmal von den Eiszeiten ab. So entspricht das, was in einem Chinajahr passiert, ungefähr dem von fünf Deutschlandjahren. Auch gilt manches hier Gesagte nur für Peking und die großen Städte und nicht in der Provinz. Innerhalb Chinas gibt es ein Wohlstands- und damit auch Lebensstilgefälle, das so groß ist wie zwischen einem mitteleuropäischen Land und Burkina Faso. Wenn Sie sich also ausschließlich für das Leben auf dem chinesischen Land interessieren, warten Sie lieber auf mein Buch «Das große chinesische Bauernabitur», das voraussichtlich in drei Jahren (deutsche Zeitrechnung) erscheinen wird. Außerdem mag in dem vorliegenden Buch auch deswegen manchmal etwas nicht stimmen, weil ich – wie ich in jahrelanger Forschungsarbeit herausgefunden habe – bedauerlicherweise auch hin und wieder Fehler mache. Ich hoffe nur, dass es sich dabei nicht um völlig dämliche handelt.

Hinweisen will ich hier noch darauf, dass viele der abgedruckten Lektionen in einem früheren Leben einmal Kolumnen waren, die in dem endgültigen Satiremagazin Titanic erschienen sind. Sie wurden für dieses Buch noch einmal komplett überarbeitet, aktualisiert und zum Teil stark erweitert. Um das bereits gesammelte China-Wissen abzurunden, wurden außerdem einige völlig neue Lektionen hinzugefügt. Titanic-Leser wissen natürlich auch, dass als Autor der Kolumne ein gewisser Walter Myna angegeben wurde. Vielfach wurde bereits vermutet, dass ich mit ihm identisch sei. Das ist nicht ganz falsch, aber auch nicht völlig richtig. Tatsache ist, dass ich einige meiner eigenen Charakterzüge in meinem Freund Myna wiedererkannte, als ich ihn vor nunmehr sechs Jahren im Singapurer Mitre-Hotel kennenlernte. Wahr ist auch, dass ich die Titanic-Kolumne von Anfang an mit Walter Myna zusammen verfasst habe. Er verschwand dann allerdings Ende 2008 aus meinem Leben. Bei unserem letzten Treffen gab er an, von China inzwischen etwas gelangweilt zu sein. Er plante, sich ins Grenzgebiet zwischen Myanmar und Thailand aufzumachen, auf der Suche nach neuen Abenteuern. Zum Abschied vermachte er mir sämtliche Rechte an unseren gemeinsamen Kolumnen sowie das Y. aus seinem Namen, von dem ich allerdings schon vorher Gebrauch gemacht hatte. Mit dem Verschwinden Mynas – der ja jetzt wohl Mna heißen muss – endete auch die Kolumne in der Titanic. Sie wird seitdem unter meinem eigenen Namen und unter einer anderen Überschrift in der Berliner tageszeitung fortgeführt.

Meine Dolmetscherin aber, von der in diesem Buch auch immer wieder mal die Rede ist, lebt nach wie vor in meiner Nähe. Hinter dieser Umschreibung verbirgt sich nämlich niemand anderes als meine Frau Yingxin. Ihr und ihrer Familie habe ich es zu verdanken, dass ich als jemand, der immer noch nicht viel Chinesisch kann, tiefere Einblicke in die chinesische Welt erhalten habe, als sie Sandra Maischberger oder Christine Morgenroth je haben werden. Yingxin hat – neben anderen – auch den gesamten Unterrichtsstoff dieses Crash-Kurses auf seinen Wahrheitsgehalt geprüft und mir immer wieder mit Tipps und Übersetzungen aus chinesischsprachigen Medien geholfen. Sie taucht in den einzelnen Lektionen nur deshalb nicht als meine Frau auf, weil komische Texte, in denen Ehefrauen vorkommen, fast immer zum Gähnen öde sind.

Und noch eine letzte Bemerkung, bevor es wirklich losgeht: Natürlich wird in diesem Buch verallgemeinert, wenn ich hin und wieder von «den Chinesen» spreche. Und selbstverständlich ist das ungerecht, weil es «die Chinesen» ebenso wenig gibt wie «die Deutschen». Doch anders als mit ungerechten Verallgemeinerungen lassen sich manche Beobachtungen nicht auf den Punkt bringen, zumal, wenn man sie, so wie ich, gerne etwas zugespitzter formuliert. Sollte sich aber ein Chinese durch irgendeine Formulierung oder Behauptung hier verletzt fühlen, kann ich ihn nur bitten, zurückzuschlagen. Ich würde jedenfalls zu gerne ein ähnliches Buch wie dieses hier von einem chinesischen Autor über «die Deutschen» lesen, je ungerechter, komischer und gemeiner, desto besser. Dafür verspreche ich, dass der Titel meines Buches das allerletzte L-Wortspiel sein soll, das ich im Zusammenhang mit der chinesischen Sprache gemacht habe. Ich schwöle!

I Vorschule

1 Die chinesische Vorschule

Wer beschließt, sich in China niederzulassen, der ist gut beraten, sich zunächst einige Zeit in Singapur aufzuhalten. Dieser hübsche kleine Stadtstaat liegt an der Spitze der Malaiischen Halbinsel. Er ist damit zwar mindestens zweitausendfünfhundert Kilometer vom eigentlichen China entfernt, aber immerhin zu siebenundsiebzig Prozent von ethnischen Chinesen besiedelt. So kann man sich schon einmal damit vertraut machen, wie es sich mit diesem Menschenschlag so leben lässt. Andererseits ist man noch nicht ganz und gar allein unter den Chinesen: Auf der Insel leben auch eine große Anzahl Malaien, recht viele Inder und sogar Eurasier, die meisten mit portugiesischen oder holländischen Vorfahren. So sollte einem der Übergang von der gewohnten europäischen Gesellschaft zur chinesischen leichter fallen.

Einfacher als in China ist in Singapur schon mal die Sprache. Straßennamen und Fahrpläne kann man lesen, weil sie in lateinischer Schrift geschrieben sind. Man muss auch kein Chinesisch können, um sich zu verständigen. Die Arbeits- und erste Unterrichtssprache hier ist Englisch. In dieser Sprache erscheint auch die Straits Times, die wichtigste Zeitung des Landes. Dazu gibt es eine Reihe von englischsprachigen Radio- und Fernsehprogrammen, sodass man immer weiß, was um einen herum gerade passiert. Während man sich aber noch auf vertrautem europäischem Sprach- und Alphabet-Territorium bewegt, kann man sich bereits an die chinesischen Zeichen gewöhnen, denn auch die sind in Singapur überall präsent. Zwar lernt man nur durch dauerndes Anschauen kein einziges, außer vielleicht das für Mitte (Zhong – ein Oval in einem Kreis) oder Tür (Men – sieht fast so aus wie eine Tür), doch es mildert schon mal den Schock, der sich gewiss einstellen wird, wenn man später in China außerhalb der großen Städte nur noch diese Hieroglyphen sieht.

In Singapur kann man zudem schon ein Gefühl für die chinesische Grammatik entwickeln. Im Alltag wird hier nämlich ein spezielles Englisch gesprochen, das sich Singlisch nennt und der Struktur des Chinesischen sehr ähnlich ist. Auch im Singlischen steht das, worum es geht, immer am Anfang eines Satzes, in der Regel wird «to be» als Hilfsverb einfach weggelassen, man sagt «can» statt «yes», Substantive kann man auch als Verben gebrauchen, und Artikel gibt es gar nicht. «What talking you?» (statt «What are you talking about?») ist ein typischer singlischer Satz, der unter anderem so schön ist, weil sein Satzbau nicht nur dem chinesischen, sondern auch dem deutschen («Was sagst du?») gleicht.

Die Aussprache ist für Deutsche sowieso kein Problem. Auf Singlisch sagt man «orreddy» statt «already, «argly» für «ugly» und «eskew me», wenn «excuse me» gemeint ist. Spricht Herr Metzler vom Accounting Englisch, klingt das kaum anders. Hängt man dann noch ein «lah» oder «eh» an jeden Satz, dann hört sich das schon sehr einheimisch an. Ich für meinen Teil mochte Singlisch auch deshalb, weil es mir die Angst nahm, im Gespräch mit englischen Muttersprachlern Fehler zu machen. «Eskew me», erklärte ich dreist. «So sprechen wir in Singapur halt Englisch.»

Hat man sich an die sprachliche Umgebung gewöhnt, kann man sich an die nächste Lektion machen, die eher ein ganzes Blockseminar ist. Das Thema lautet: Wie alt ist mein chinesisches Gegenüber eigentlich? Für einen neuangekommenen Westler ist diese Frage schwer zu beantworten. Chinesen erscheinen ihm alterslos. Gestandene Frauen sind nicht von Mädchen zu unterscheiden, und mancher Mann im besten Alter sieht aus wie ein Konfirmand. Aber auch die Frage nach dem Alter lässt sich in Singapur leichter beantworten als in China selbst. Das liegt daran, dass es hier einfach sehr viel heißer ist als zweitausend Kilometer weiter nördlich, weshalb man sich leichter kleidet. Nun kann man aber an den Beinen und Füßen der Chinesen ihr Alter viel eindeutiger ablesen als am Gesicht. Ich jedenfalls ersparte mir so mehr als einmal peinliche Fehlannahmen. Mit etwas mehr Erfahrung ist man dann auch in der Lage, die Gesichter zu lesen. Auch bei Chinesen schreibt sich dort das Alter ein, wenn auch nicht auf so schreckliche Weise wie bei uns Europäern.

Die nächste China-Lektion lautet: Wie werde ich damit fertig, ein Loser zu sein? Auch das kann man wohl nirgendwo besser als in Singapur erfahren. Die hiesige Wirtschaft wächst bereits seit Ende der Sechziger. Selbst die Asienkrise in den Neunzigern konnte Singapur nicht viel anhaben, und auch aus der globalen Wirtschaftskrise seit 2008 ging der Stadtstaat schon bald gestärkt hervor. Hier hat man seit Jahren das höchste Bruttoinlandsprodukt der Welt. Das heißt konkret: Von 4,9 Millionen Singapurern sind mehr als achtzigtausend Millionäre, und jedes Jahr kommen etwa tausend dazu. Damit hat Singapur auch die höchste Millionärsdichte auf der Erde. Neunzig Prozent aller Singapurer besitzen eine

Eigentumswohnung, und zwanzig Prozent der Autos, die hier so rumfahren, gehören zur oberen Luxusklasse. Das sind die harten Zahlen der Ökonomielektion, die unter anderem auch besagen, dass Leute wie Sie und ich in den aufstrebenden asiatischen Volkswirtschaften in die Kategorie Verlierer eingeordnet werden. Für China gilt das zwar im Moment noch nur bedingt, aber auch hier hat sicher niemand auf Sie oder mich gewartet.

Die wichtigste Lektion aber, die der China-Novize in Singapur lernt, ist die Tatsache, dass das politische System hier anders funktioniert als zu Hause. China ist, das hat sich inzwischen auch in Deutschland herumgesprochen, keine Demokratie. Für Singapur gilt das Gleiche, selbst wenn man die Bevölkerung alle fünf Jahre pro forma wählen lässt. Tatsächlich wird aber «The Republic» – so der Spitzname Singapurs – seit 1959 von einer Quasi-Staatspartei regiert, der Peoples Action Party nämlich, die sich in puncto Machtausübung und -erhalt vor der Kommunistischen Partei Chinas nicht zu verstecken braucht. Die PAP hat alles, was eine waschechte KP braucht: Sie ist eine Kaderpartei, das heißt, nur ein kleiner Kreis von geheimen Parteikadern wählt die Führungsspitze. Geleitet wird sie von einem Zentralen Exekutivkomitee, an dessen Spitze ein Generalsekretär steht. Nur das Parteisymbol hat man sich ausnahmsweise nicht von den Kommunisten abgeguckt. Der rote Blitz in einem blauweißen Kreis gleicht eher dem Emblem der ehemaligen britischen Faschisten. Dafür sind die Rituale sehr kommunistisch: Den Ersten Mai feiert man zusammen mit der parteieigenen Einheitsgewerkschaft NTUC, ruft dabei Kampfparolen und grüßt mit der geballten Faust. Anlässlich des Kampftages werden auch Jahr für Jahr die «Helden der (Gewerkschafts-)Arbeit» ausgezeichnet. Sie heißen in Singapur nur etwas anders als früher in der DDR oder in China, nämlich «Comrade of Labour».

Und damit sind die politischen Parallelen zwischen Singapur und China keineswegs erschöpft. Wie in China werden auch auf der Insel sämtliche Medien zensiert. Das ist allerdings kaum nötig, weil jede Zeitung und jeder Fernsehsender über Beteiligungen sowieso dem Staat gehören. Zeitungen und Fernsehprogramme aus den Nachbarstaaten Singapurs sind auf der Insel genauso wenig erhältlich wie der Playboy. Einst war die Cosmopolitan verboten, weil das Magazin, so die Zensoren, «promiskuitive Werte» gefördert habe. Heute müssen ausländische Zeitungen, die in Singapur erscheinen wollen, zweihunderttausend Singapurdollar Kaution hinterlegen und einen Vertreter auf der Insel stationieren, den die Regierung zur Not verklagen kann. Das tut sie auch sehr gerne, und zwar immer dann, wenn in der Auslandspresse Singapur und seine Regierung nicht so gut wegkommen. Die Zeitungen – darunter solch subversive Blätter wie die Financial Times oder die Far Eastern Economic Review – haben bisher noch jeden Prozess verloren.

Natürlich darf man in Singapur auch nicht auf die Straße gehen, wenn einem etwas nicht passt. Zwar ist das Demonstrationsrecht in der Verfassung verankert, doch wer eine Demonstration anmelden will, bekommt keine Genehmigung. Unter solchen politischen Verhältnissen sind freie Wahlen nur ein Witz, den sich die Peoples Action Party gelegentlich erlaubt, um etwas Spaß zu haben. Am Ende gewinnen doch immer nur ihre Leute fast alle Sitze im Parlament – im Moment stellt die Opposition zwei von vierundachtzig gewählten Abgeordneten – und heißt der Premierminister Lee. Der jetzige nennt sich Lee Hsien Loong. Das ist der Sohn des Staats- und PAP-Gründers sowie Ex-Premierministers Lee Kuan Yew. Insofern kann Singapur eigentlich auch als Vorschule für Nordkorea gelten.

Seltsamerweise gibt es bei den in Singapur lebenden Westlern über das hiesige politische System kaum Beschwerden. Auch in Deutschland liest und hört man selten ein kritisches Wort über den autoritär regierten Stadtstaat, obwohl die meisten großen deutschen Zeitungen und Rundfunkanstalten Korrespondenten in Singapur stationiert haben. Das mag an den günstigen Shoppingmöglichkeiten hierzulande liegen.

Dabei geht es auf der Insel zuweilen noch ein bisschen härter zu als im gerne ausgiebig kritisierten China, zum Beispiel in Sachen Todesstrafe. Sowohl in Singapur als auch in China wird sie für eine Reihe von Verbrechen verhängt, doch nur in Singapur ist sie für bestimmte Delikte auch obligatorisch. Wer beispielsweise mit mehr als fünfzehn Gramm Heroin, dreißig Gramm Kokain, zweihundertfünfzig Gramm Speed oder fünfhundert Gramm Cannabis erwischt wird, den muss ein Richter zum Tode verurteilen, ob er will oder nicht, das Gesetz lässt ihm keine andere Wahl. So wurden in Singapur seit 1991 mehr als vierhundert Menschen hingerichtet. Das ist pro Kopf – was sonst? – der Bevölkerung die höchste Quote weltweit.

Singapur kann aber auch mit einer Bestrafungsspezialität dienen, die ansonsten nicht mehr so oft auf der Welt vorkommt, auch in China nicht. Dabei handelt es sich um das sogenannte Caning. Damit ist das Verprügeln eines Delinquenten mit dem Rotan, einem Stock aus Rattan, gemeint. Das hört sich nach veralteter Schulpädagogik an, ist aber ein sehr brutaler Akt. Der Delinquent wird dabei ausgezogen und auf einen Bock geschnallt, die Prügel empfängt er auf den nackten Hintern. Schon nach einigen Schlägen spritzt Blut, und manche der Geprügelten brechen ohnmächtig zusammen. Die Prügelstrafe ist eigentlich eine Erfindung der britischen Kolonialherren. Wurde jedoch unter den Briten nur bestraft, wer ein Gewaltverbrechen begangen hatte, setzt es im heutigen Singapur Dresche für alle möglichen Delikte. Man kann bereits für das Sprühen von Graffiti, den Verkauf von Feuerwerk und größere Verkehrsvergehen verprügelt werden. Und selbst, wer sich mehr als neunzig Tage illegal auf der Insel aufhält, darf sich auf einen gutgefüllten Teller Knüppelsuppe freuen.

Überhaupt bestraft man in Singapur gerne jede Lebensäußerung. Auf den Boden spucken oder Papier auf den Boden werfen kostet umgerechnet zweihundertfünfzig bis fünfhundert Euro, im Wiederholungsfall kann Zwangsarbeit verordnet werden. Wer an einem verbotenen Punkt über die Straße geht, zahlt zweihundertfünfzig Euro, wer privat Feuerwerk besitzt oder abfeuert, marschiert gleich für zwei Jahre ins Gefängnis. Als ich in Singapur lebte, stand auf «widernatürlichen fleischlichen Verkehr» nach Paragraph 377 des Singapurer Penal Codes noch bis zu lebenslänglich. Das hieß konkret, jeder konnte damit rechnen, für immer hinter Singapurer Gardinen zu verschwinden, wenn er zu Hause Anal- oder Oralverkehr praktizierte. Erst im Oktober 2007 wurde dieses Gesetz abgeschafft, allerdings nur für Heterosexuelle. Schwule können für ein bisschen Orales und Anales immer noch bis zu zwei Jahre ins Gefängnis wandern.

Als ich Singapur verließ, machte ich jedenfalls drei Kreuze. Das erste wegen des Oralverkehrs, das zweite wegen des staatlichen Kontrolleurs, der immer wieder unangemeldet in unserer Wohnung stand, um den Wasserstand in Blumentöpfen und Vasen zu checken – da sich darin Moskitos vermehren können, ist stehendes Wasser auch in der eigenen Wohnung verboten –, und das dritte wegen einer anderen Sache, über die ich hier nicht reden möchte. Dann machte ich noch ein viertes und ein fünftes. Das vierte, weil ich wusste, dass mir China nach der harten Singapurer Ausbildung wie ein Beispiel an Liberalität vorkommen würde. Das fünfte war für Singapur selbst. Abgesehen von seinen China-Vorschulqualitäten ist es nämlich ein überflüssiges Land, das schleunigst an Malaysia zurückgegeben werden sollte.

Wie hoch die Todesstrafenquote in Relation zu anderen Staaten ist, zeigt ein UN-Report, der in Singapur für den Zeitraum zwischen 1994 und 1999 13,6 Hinrichtungen pro Million Einwohner auswies, sechsmal höher als die Hinrichtungsquote zur gleichen Zeit in China, das allerdings die Welttodesstrafenstatistik in absoluten Zahlen anführt. Anders als im Fall Chinas empörten sich über diesen Rekord höchstens noch entlegene Rockgruppen. So traten 1995 R.E.M. in einem Singapurer Club unter dem Tarnnamen «Mandatory Death Sentence» auf, um das Publikum für die Menschenrechtslage in ihrem Land mit R.E.M.-Musik zu bestrafen.

II Grundschule

2 Franz Lehár ist eine dumme Sau

Auch wenn man in Singapur noch so intensiv für das eigentliche China trainiert, vollständig vorbereitet ist man trotzdem nie. Das musste auch ich begreifen, als es Ernst wurde und ich nach Peking zog. Doch zunächst einmal prasselten die Glückwunschmails nur so auf mich ein. Dabei versuchten sich meine Freunde gegenseitig mit China-Synonymen zu übertreffen: «Viel Erfolg im Reich der Sonne». «Viel Spaß im Land des Lächelns». «Jetzt soll es also das Reich der Mitte sein.» Nun ist der Gebrauch von Umschreibungen und Synonymen dort, wo sie überhaupt nicht nötig sind, nicht nur des Teufels. Er ist auch meistens falsch.

In diesem Fall war nur das «Reich der Mitte» richtig. So – nämlich «Zhong Guo», «Mitte Reich» – heißt das Land wirklich, und darüber, dass wir es China nennen, regt sich so mancher Pekinger Taxifahrer auf: «Wie kommt ihr Ausländer dazu? Meines Wissens heißt China auf Englisch Porzellan. Wir sagen doch auch nicht zu England PVC oder zu Deutschland Plastik.»

Das «Reich der Sonne» andererseits ist nicht China, sondern Japan. Das sollte man spätestens seit dem schönen Steven-Spielberg-Film «Empire of the Sun» wissen, auch wenn der Film irritierenderweise zu großen Teilen in Shanghai spielt. Und das «Land des Lächelns» ist erst mal eine Operette von Franz Lehár. Die spielt tatsächlich in China, zumindest der zweite Teil. Nur: Mit dem echten China hat der Operettenquatsch so viel zu tun wie ein Sack Reis mit zwei Pfund Kartoffeln. Weder trifft die Spielhandlung die chinesischen Verhältnisse von 1912 (auf dieses Jahr ist sie datiert) noch die von heute. Lächeln? Die Chinesen? Lehár – der natürlich nie in China war – hatte ja keine Ahnung. China ist eher das «Land des bösen Blickens». Bei meiner Wohnungssuche in Peking sah ich zig übelgelaunte, potenzielle Vermieter auf schwarzen Sofas hocken, vor sich hin rauchen und mich finster anstarren, manche sogar mit Zornesfalten auf der Stirn. Ähnliche Gesichter sah ich auch auf der Straße. Was, fragte ich mich, ist mit diesen Leuten los, dass sie in den Weltmissmutscharts den ersten Platz einnehmen?

Ein angemessener Titel für Lehárs Operette wäre sicher auch «Land des Rotzens», denn jeder Zweite rotzt hier voller Leidenschaft. Dabei befleißigt man sich keineswegs eines normalen Räusperrotzens. Im ersten Restaurant, das ich in China betrat, würgte gerade ein Mann seine Bronchien durch die Luftröhre und anschließend große Fladen auf den Boden. Auch junge, zarte Damen rotzen hier schamlos wie die Soldaten. Aber selbst wenn Lehár von dieser Angewohnheit gewusst hätte, er hätte wohl sein Stück nicht umbenannt. Schließlich taugt eine Liedzeile wie: «Immer nur rotzen und immer verklebt ...» kaum zum Evergreen.

Eigentlich ist aber China das «Land des Brüllens». Es gibt hier Straßen, da stehen Hunderte von Schreiern dicht an dicht. Sie schreien die Passanten an, doch gefälligst in den Laden zu kommen. Im Restaurant brüllt man «Xiao Jie», was so viel wie Fräulein heißt. Es klingt aber so, als rufe man einen Hund. Ist die Bedienung da, wird sie zunächst mit einem Schwall Beschwerden eingedeckt. Dann diktiert man ihr das Gewünschte bellend in den Block. Das ist die ganz normale Art der Bestellung und wird auch in beliebten China-Kulturführern wie «101 Stories for Foreigners to Understand Chinese People» aus dem Verlag Liaoning Education Press durchaus eingeräumt, wenn auch indirekt: «Shouting for waiters is not necessary in every restaurant in China. You don't need to, and should not, call out in quiet restaurants and in expensive Western-style restaurants.» In allen restlichen Restaurants aber wohl doch.

Zeitungsverkäufer lassen die Titel der neuen Tageszeitungen vom Band herauskrakeelen, verstärkt von kleinen, blechern klingenden Megaphonen. Überhaupt: Megaphone. Am dritten Tag vor Ort ging ich zur Bank. In der Schalterhalle warteten einige hundert Kunden geduldig. Direkt vor ihnen aber hatte sich eine uniformierte Bankangestellte aufgebaut und belferte den Leuten per Megaphon die aufgerufenen Wartenummern ins Gesicht. Natürlich wurden die Ziffern auch auf einem großen Leuchtdisplay angezeigt – man ist hier schließlich nicht von gestern –, aber ohne Angebrülltwerden würde den Pekingern wahrscheinlich was fehlen.

«Land des Randalierens» wäre aber auch nicht verkehrt. Zwar klebt in jedem Restaurant ein Sticker, auf dem ein Polizist mit erhobenem Finger mahnt: «Es ist verboten, sich über das vernünftige Maß hinaus zu betrinken und anschließend Krawall zu machen.» Doch dieser Appell scheint nichts zu fruchten. Ich jedenfalls konnte in einem Nudelshop in der Nähe der Wangfujing-Fußgängerzone aus nächster Nähe beobachten, wie ein bulliger Nudelkoch und sein Sohn binnen einer halben Stunde zweimal Streit mit ihrer Kundschaft anfingen. Das erste Mal kroch der Vater unterm Tresen durch und konnte von den Umstehenden nur mit Mühe daran gehindert werden, einem harmlosen Nudelkäufer was vors Maul zu hauen. Zehn Minuten später war's der Sohn. Der Verwandtschaftsgrad war übrigens leicht zu erkennen: Zum fiesen Grinsen trugen beide mehrfach gebrochene Boxernasen.

Leider reicht mein Chinesisch nicht aus, um die Beschimpfungen zu verstehen, mit denen die schreienden Pekinger sich eindecken. Doch geriet ich vor ein paar Wochen zufälligerweise zwischen die Massen, die zum Norah-Jones-Konzert strömten. Ich bemühte mich gerade, auf dem Zebrastreifen vorwärtszukommen, da hörte ich, wie ein europäisch aussehender Mann einen Autofahrer anbrüllte, teils auf Chinesisch, teils in einem ausgesuchten Deutsch: «Du wartest, Arschloch!» Eine Frau – offensichtlich seine – fiel kreischend ein: «Warten, Drecksack.» Dann überquerten beide im Marschtempo die Straße und bahnten sich vergnügt den Weg durch Horden von Schwarzticketverkäufern und Devotionalienhändlern. Noch in hundert Metern Entfernung hörte ich das Duo: «Deinen Schrott kannste behalten.» «Verpiss dich, Penner!» «Aus dem Weg, du Kuh.»

Ich erschrak. Kann es sein, dass der offensichtliche Hang der Pekinger zur Koprolalie auf die hier lebenden Ausländer abfärbt? Und werde ich mich in ein paar Monaten auch so ausdrücken? Schwer zu sagen. Ich weiß nur: Franz Lehár hätte seiner Scheiß-Operette einen anderen Drecks-Titel geben müssen, die ultrakaputte Komponisten-Sau.

3 Hauptstadt der Schamlosen

Wer nur ein kleines bisschen länger in China bleibt, wird bald feststellen: Die Chinesen lachen doch. Dieses Lachen ist allerdings nicht Ausdruck von Freude und Vergnügen, kein sogenanntes Léhar-Lächeln also. Auch ist es selten freundlich gemeint. Gelacht wird hauptsächlich aus Spott und Schadenfreude. Und besonders gerne über mich.

Neulich nahm ich all meinen Mut zusammen und bestellte im Restaurant das gängige Gericht «Gong Bao Ji Ding» – in Peking beliebt wie Weißwurst in München oder Buletten in Berlin. Die Xiao Jie hatte mich sogar verstanden, was gar nicht selbstverständlich ist. Gerade wollte ich mich entspannt zurücklehnen, da ging am Nachbartisch das Gepruste los. Ich verstand nicht viel, aber immerhin dieses: «Lao Wai (Ausländer). Hahaha. Gong Bao Ji Ding. Prust. Lao Wai. Höhöhö. Gong Bao Ji Ding. Bruhahaha.» Dabei drehte man sich immer wieder zu mir um und zeigte mit Essstäbchen auf mich. Man stelle sich vor, in Berlin käme ein Chinese in ein Restaurant, bestellte eine Bulette, und zehn Minuten lang lachte sich der ganze Saal rund und scheckig: «Dit Schlitzaure hat, hahaha, 'ne Bulette bestellt. Ick, prust, jloob es, bruhaha, nicht.» Eine Schlagzeile auf der Titelseite der taz wäre das mindeste, was daraus folgen würde, wenn nicht ein parlamentarischer Untersuchungsausschuss.

Vor zwei Wochen kam es noch dicker. Ich durchschritt gerade eine Unterführung am Platz des Himmlischen Friedens, da strömten mir ein paar hundert lachende Chinesen entgegen. Ihr Lachen klang wild und krank. Es erinnerte mich an das von bis zur Demenz bekifften Gymnasiasten, ungefähr 1986, die im Kino sitzen und einen Film mit Didi Hallervorden anschauen. Didi allerdings sah aus wie Fatty Arbuckle, die amerikanische Komikerlegende: Ein junger Mann, Europäer oder Amerikaner, wahrscheinlich aufgrund jahrelangen Verzehrs von fett- und kohlenhydratreichen Speisen bizarr verfettet. Fatty konnte einem leidtun. Er schwitzte und hatte Panik im Blick. Er war umzingelt von Chinesen, die nur stehen geblieben waren, um sich über ihn lustig zu machen. Tapfer versuchte er, sich einen Weg durchs johlende gelbe Meer zu bahnen, doch das nützte nichts. Ein Teil der Meute lief mit ihm mit. Man zerrte glucksend an seiner Kleidung, redete prustend auf ihn ein und lachte, lachte, lachte. Platz des Himmlischen Friedens? Der Fette hätte sicher gerade lieber im Schützengraben gelegen, irgendwo bei Kandahar oder Herat und umzingelt von zwanzig hochmotivierten Selbstmordattentätern.

Ich glaube, dass sich bei diesen Prustattacken niemand etwas Böses denkt. Die Pekinger sind einfach unglaublich schamlos. Überall lungern Eckensteher herum, die sofort Lachalarm schlagen, taucht eine lange Nase auf. Aus mir unbekannten Gründen wird aber bisweilen auch nur seltsam starr geglotzt, wobei die Glotzer allerdings meist Zugereiste aus entlegenen Provinzen sind. Vor ein paar Tagen ließ ich mir auf der Straße die Haare schneiden. Gleich standen zwanzig Leute da, die jedes zu Boden fallende Haar bestaunten. Wenn ich über die Straße gehe, folgen mir zig Augenpaare – Bauarbeiter, die am Straßenrand Pause machen. Sie beobachten mich wie ein seltenes Tier. Vorgestern brachte ich eine Topfpflanze nach Hause. «Interessant!», schrie einer auf dem Hof (meine Dolmetscherin übersetzte): «Der Lao Wai trägt eine Pflanze.»

So schamlos, wie sich die Pekinger benehmen, so schamlos kleiden sie sich auch. Im Sommer trägt der männliche Hauptstädter bevorzugt weiße Feinrippunterhemden, die er bis über die Brustwarzen nach oben rollt. Die Frauen lieben durchsichtige, schockfarbene Nylonblusen, deutlich sich abzeichnende G-Strings und fleischfarbene Söckchen. Jugendliche gehen in selbstgehäkelten Netzhemden spazieren, kleine Mädchen in weißen Petticoats. Vertreter aller Generationen und Geschlechter tragen auf der Straße Schlafanzüge, geblümt, mit Streifen oder gelben Enten drauf. Neulich sah ich einen Mann in einem solchen Pyjama Moped fahren. Dazu trug er braune Puschen.

Den Gipfel der Schamlosigkeiten aber bildet die öffentliche Beschäftigung mit dem eigenen Körper. Dauernd fummelt der Pekinger an sich rum. Im Restaurant bohrt er in der Nase. An der Straßenkreuzung steht er da und streicht sich gedankenverloren über den nackten, biergerundeten Bauch. Und bei Geschäftsverhandlungen die Beine auf den Tisch zu legen und sich die Fingernägel zu schneiden, gehört offenbar zum guten Ton. Jedenfalls werden diese Schamlosen nie angestarrt, und keiner, aber auch wirklich kein Einziger, käme darauf, sie auszulachen.

Ebendieses Phänomen hat mich auf eine Idee gebracht. Auf dem hiesigen Russenmarkt, der so heißt, weil sich hier bevorzugt Russen mit schlimmen Klamotten eindecken, werde ich mir ein orangefarbenes Netzhemd, eine Schlafanzughose, bedruckt mit Pokémon-Motiven, sowie strassbesetzte, gelbgrüne Gummischlappen kaufen und gleich mal auf der Straße testen. Alle fünfzig Meter werde ich stehen bleiben, um mir gedankenverloren die Brustwarzen zu massieren. Jede Wette:

So falle ich nicht mehr auf und komme ruck, zuck durch die Stadt – völlig unbeglotzt, unbelacht und unbehelligt.

Gong Bao Ji Ding ist ein chinesisches Standardgericht, das unter Chinesen und Ausländern gleichermaßen beliebt ist. Es besteht aus kleingeschnittenem Hühnchenfleisch, gerösteten Erdnüssen, Frühlingszwiebeln, Chili sowie Sichuanpfeffer und stammt ursprünglich aus Sichuan. Es wurde angeblich nach Ding Baozhen (1820–1886) benannt, der in dieser Provinz während der späten Qing-Dynastie Gouverneur war und den Titel «Gong Bao» trug, was so viel wie Palastwächter bedeutet. Das heutige Gong Bao Ji Ding soll sein Leibgericht gewesen sein. Wie es zu seiner Zeit hieß, ist mir nicht bekannt. Wegen dieses feudalen Ursprungs bekam die Speise während der Kulturrevolution Schwierigkeiten und wurde schließlich umbenannt. Dabei wechselten die Revolutionäre das Zeichen für Bao gegen ein anderes Bao aus, wodurch sich nur die Tonhöhe leicht änderte. Aus dem verhassten Adelstitel wurde so über Nacht eine Kochmethode («schnell gebraten»). Im heutigen China sind wieder beide Schreibweisen üblich.

4 Chinesisch mit Chuck

Nach mehr als zwei Jahren, die ich in Singapur unter Chinesen verbracht habe, lerne ich jetzt endlich ihre Sprache. Meine Schule ist sehr gut. Im Aufenthaltsraum stehen eine Zweiliterflasche Scotch (drei viertel leer), eine Flasche Wodka (noch nicht angebrochen), ein guter Rémy Martin (fast ausgetrunken). Auch unsere kleine chinesische Lehrerin gibt sich große Mühe. Trotzdem habe ich noch nicht viel gelernt. Ich habe bisher eigentlich nur behalten, dass «mian» Nudel heißt – und Gesicht. Ziemlich ulkig, aber auch vertrackt.

Statt Chinesisch lerne ich täglich etwas Neues über meine Mitschüler. Das liegt an der Lehrerin, die uns geschickt ausfragt. Wie heißt du, wie alt bist du, wo kommst du her, was ist dein Lieblingsbuch, warst du schon mal im Gefängnis? Chinesen sind grundsätzlich neugierig. Sie fragen einem so große Löcher in den Bauch, dass Grizzlybären darin Winterschlaf halten könnten.

Über Anna, die aussieht wie eine etwas zu stabil geratene Flamencotänzerin, weiß ich mittlerweile, dass sie zweiundzwanzig ist und bisher in New York gewohnt hat. Sie liebt indisches Essen, hat einen Cousin mit gepiercter Unterlippe und zwei Freundinnen, die Susan und Carey heißen. Ihre Eltern leben in Washington, aber sie hat einen südamerikanischen Pass. Irgendwann will sie ein Buch über China schreiben.

Der dicke Roger ist dreiundfünfzig und kommt ursprünglich aus Iowa, wo er als Jugendlicher Umgang mit Kriminellen hatte. Die letzten Jahre lebte er in Santa Barbara, Kalifornien. Da war es ihm allerdings zu langweilig. Also ging er nach China. Sein Lieblingsautor ist Mark Twain, sein Lieblingsfilm «A Clockwork Orange», sein Lieblingsdrink warmer Campari ohne alles. Das größte Erlebnis, das er je hatte, war ein Anruf von Steve Jobs persönlich. Leider war Roger gerade nicht zu Hause, und seine chinesische Frau hatte von diesem Jobs noch nie gehört. Roger wohnt schon ein Jahr in Peking und sagt: «Chinesisch ist eine verdammt harte Sprache. Der einzige Satz, den ich bisher gelernt habe, lautet: ‹Cao ni ma bi.›»

Fragen Sie bitte einen Chinesen, was das heißt. Oder nein: Fragen Sie besser nicht.

Dann ist da noch Penelope in unserer Gruppe, eine schöne, blasse Englischlehrerin. Sie kauft ihre Regale bei IKEA und kann Mark Twain nicht leiden. Sie hat weißlackierte Fingernägel und trägt jeden Tag eine andere, sehr offene Bluse mit einem zum Wochentag passenden BH (montags schwarz; mittwochs hellgrüne Spitze; freitags blaue Halbschale). Penelopes Hobby: sich wundern, und zwar darüber, dass sie täglich von Chinesen angebaggert wird, die geschickt ihre Handynummer erfragen und sie dann während des Unterrichts achtmal anrufen.

Natürlich muss auch ich Auskunft geben. Ich habe der Lehrerin erzählt, dass ich ein deutschstämmiger Staatsbürger des Pazifikinselstaates Nauru bin, dort mit fünf bildschönen Frauen verheiratet war, später ein bekannter Atomwissenschaftler wurde, haarscharf an der Verleihung des Nobelpreises (Frieden) vorbeischrammte und aus politischen Gründen (Liebe zu Mark Twain) mein Heimatland verlassen musste.

Sicher, das ist alles erstunken und erlogen. Aber ich will wenigstens annähernd mit Klassenkamerad Nummer vier mithalten können. Er heißt Chuck und trägt seine blonden, langen Haare bis zum Hintern. Schon, wie alt er ist, kann er nicht sagen: «Ich bin in Alabama geboren, auf dem Land. Geburtsregister hat man da nie geführt. Wir stehen ja im Krieg mit dem Norden. Vielleicht bin ich dreiundfünfzig, vielleicht sechsundfünfzig. Meine Mutter zu fragen hat keinen Zweck. Die ist verrückt.» Chuck war schon überall auf der Welt. In den Siebzigern in Vietnam, später in Deutschland, für denselben Arbeitgeber, in der Nähe von Schwäbisch Gmünd. Da hat er auch ein bisschen Deutsch gelernt: «Stell dir vor, Christian. Gestern Nacht habe ich auf Deutsch geträumt. Einer sagte:

‹Lass uns rauchen einen Pfeife.› Keine Ahnung, was das bedeutet.»

Anfang der Achtziger ist Chuck dann in die USA zurück. In Seattle hat er als Barmann, Lehrer und Koch gearbeitet. Gleichzeitig. «Geschlafen habe ich praktisch nie. Dafür habe ich eine Sushi-Rolle kreiert. Ich habe Wels statt Lachs oder Thunfisch genommen und selbstgemixte Soßen. Die Japaner waren verrückt danach.» Als der Dotcom-Boom die gewachsenen Sozialstrukturen Seattles zerstörte, begann Chuck wieder, durch die Welt zu reisen, das Sushirezept immer im Gepäck. Vor ein paar Jahren kam er nach China und heiratete eine junge Chinesin, nachdem er vorher seinen Schwiegervater mit einer Kiste Porno-DVDs bestochen hatte: «Mein alter Herr ist mir heute noch dankbar. Er sagt, ich hätte sein Sexualleben gerettet.»

Chucks Interesse an Mark Twain ist eher gering. «Laoshi-Baby», sagt er zur Laoshi (Lehrerin), «ich fahre lieber Motorrad. Und wenn ich mal lese, dann nur chinesische Motorradbücher, auch wenn ich gar nicht verstehe, was da drinsteht. Ich will aber rauskriegen, weshalb in meiner ‹Chang Jiang› von 1975 japanische Originalteile sind. Das hieße ja, dass China schon zur Zeit der Kulturrevolution mit den Japanern zusammengearbeitet hat, was bekanntlich immer bestritten wird. Weißt du zufällig Näheres darüber?»

Die Lehrerin kann da nur mit den Schultern zucken, selbst wenn Chuck als Bonus ausplaudert, dass er in Deutschland schon mal im Gefängnis saß: «Ziemlich blöd da. Für sein Frühstück muss man selbst bezahlen.» Auch Roger ist in Iowa mal eingefahren, wenigstens fast. Diese Geschichten ärgern mich natürlich ungemein. Wohl oder übel werde ich nachziehen müssen, spätestens nächste Woche: mit einem spektakulären Knastaufenthalt in Nordkorea, Elektroschockfolter, langwierigen Auslieferungsverhandlungen. Langsam frage ich mich, ob ich wirklich jemals zum Chinesischlernen komme.

Chang Jiang heißt Langer Fluss und ist der chinesische Name für den längsten Fluss des Landes, den sechstausenddreihundert Kilometer langen Jangtse. Gleichzeitig ist das aber auch die Typenbezeichnung eines Motorrades, das seit 1957 hergestellt wird. Berühmt ist die Chang Jiang 750, die hauptsächlich für die Volksbefreiungsarmee gebaut und mit einem Beiwagen ausgeliefert wird. Dieses Motorrad ist eine Kopie des bekannten sowjetischen Kriegsmotorrads M72, das lustigerweise selbst eine Kopie ist, nämlich der R71, eines deutschen Vorkriegsmotorrads von BMW. Alte, aus Armeebeständen ausgemusterte Chang Jiangs werden übrigens in Peking bevorzugt von ausländischen Diplomaten in der Midlife-Crisis gefahren, die dabei zum Zeichen ihrer Wild- und Ungebundenheit statt eines Helms schwarze Bandanas tragen.

5 Die «drei Muss» und die «sechs Nicht-Erlaubt» im Fahrstuhl

Es gibt, so weiß die CIA laut ihrem World Fact Book, genau 1 330 141 295 chinesische Staatsbürger. Die hiesige Regierung ließ im März 2010 durch die Nachrichtenagentur Xinhua vermelden, 9,21 Millionen davon seien arbeitslos, das sei eine Quote von 4,3 Prozent. Allerdings wird in China praktischerweise die Arbeitslosigkeit nur in den Städten erhoben, denn das gibt ein besseres Bild. Man kann ruhigen Gewissens davon ausgehen, dass sie viel höher ist. Auf neun Prozent schätzt sie die CIA, andere westliche Experten sogar auf bis zu zwanzig.

Anders als das Merkel-Regime packt die chinesische Regierung das Problem jedoch entschlossen an. Sie hat eine große Zahl von Arbeitsplätzen geschaffen. Arbeitsplätze allerdings, die völlig überflüssig sind: Der unnützeste Job von allen ist der der Fahrstuhlknopfdrückerin. Fahrstuhlknopfdrückerinnen (im Folgenden FSKD) – es sind immer Frauen – haben nämlich den lieben langen Tag nichts anderes zu tun, als im Fahrstuhl auf einem Schemel zu hocken. Betritt man die Kabine, drückt die FSKD auf den Knopf des Stockwerks, das man zu betreten wünscht. Ist man angekommen, sagt sie: «Sie sind da.» Das ist alles.

Kurz nach meiner Ankunft in Peking dachte ich sogar, die FSKD seien in jedem chinesischen Fahrstuhl vorgeschrieben, weil ich sie in allen Fahrstühlen antraf. Damals hockten sie nicht nur in Hotellifts oder denen von Kauf-, Büro- und Krankenhäusern, sondern saßen auch in jedem ganz normalen Wohnblockaufzug. Da in China in den letzten Jahren rund eine Million Hochhäuser mit geschätzten vier Millionen Lifts gebaut wurden, setzte man damit rund ebenso viele Frauen in Lohn und Brot.

Unsere Stamm-FSKD war vielleicht sechzehn. Damit das junge Ding auch wusste, was es zu tun hatte, hing im Fahrstuhl eine Tafel mit den FSKD-Gesetzen. Darunter «Die drei Muss und die sechs Nicht-Erlaubt» des Fahrstuhlfahrens. Die drei Muss beinhalten: «Sicher fahren. Nicht erlaubte Fahrmanöver sind strikt verboten.» Die sechs Nicht-Erlaubt lauten u. a.: «Keine Leute ohne Fahrerlaubnis den Fahrstuhl fahren lassen.» «Nicht mit den Fahrgästen quatschen.» «Keine Gäste in der Kabine empfangen oder Privatsachen machen.» «Nicht unter Alkoholeinfluss fahren.» Am meisten interessiert mich immer noch, was die nicht erlaubten Fahrmanöver sind. Loopings? Leider konnte ich damals noch nicht genug Chinesisch, um zu fragen.

Unsere kleine Lifteuse hielt sich aber sowieso nicht an die Gesetze. Sie plapperte wie ein Wasserfall und lud ihre Freundinnen zum Handyausprobieren oder Chipstütenleerfressen in den Fahrstuhl ein. Während der Fahrt lackierte sie sich die Fingernägel und ließ ihre führerscheinlosen Kumpelinas die Knöpfe drücken. Auch die vorgeschriebene blassblaue Fahrstuhlknopfdrückerinnenuniform trug sie selten. Lieber hockte sie in pinkfarbenen Pullovern da und in Jeans mit draufgestickten «Hello Kitty»-Katzen. Meistens aber schwänzte sie. Dann stand sie mit irgendwelchen Jungs irgendwo im Hausflur herum oder ging auf die Straße, wo sie sich unter alte Omas mischte, die dort jeden Abend zu Technorhythmen tanzen.

Es gab jedoch in den Nachbarblocks FSKD, die ihren Job ernst nahmen. Die hatten sich in ihrem Lift häuslich eingerichtet, mit Kofferradios, Regalen, Heizlüftern und Topfpflanzen. Die Fahrstuhlknöpfe drückten sie mit selbstgefertigten langen Stäben, was lässiger aussah und sicher auch bequemer war. Sogar die Post wurde ihnen im Fahrstuhl zugestellt. Auf den Briefen stand dann nicht ihr Name, sondern nur die Adresse und «Fahrstuhlfahrerin Block 1, Fahrstuhl 2, Peking». Diese vorbildlichen FSKD führten auch das vorgeschriebene Fahrstuhlfahrtenbuch. Kam man nach dreiundzwanzig Uhr, hatte man sie zu wecken und sich mit Begründung einzutragen. Die meisten Leute schrieben dann verschämt «Essen essen» rein. Ich vermute aber, dass in Wirklichkeit fast alle «Getränke trinken», «Karaoke grölen» oder «mit Friseusen rummachen» waren.

Die FSKD sollten eben nicht alles über einen wissen. Das

taten sie aber doch. Von mir wusste Hello Kitty sehr bald, dass ich im zwanzigsten Stock wohnte. Das war mir auch ganz recht, denn anfangs musste ich ihr jedes Mal das Stockwerk nennen. «Zwanzig» heißt auf Chinesisch «er shi», was aber wie «Arsche» ausgesprochen wird. Das war mir peinlich, weshalb ich die Zahl nur leise murmelte. «Shen me?», flötete Kitty, «wie bitte?» Ich daraufhin laut, akzentuiert und hilflos: «Arsche. Am Arsche wohne ich.» Als Kitty daraufhin laut lachte, lief ich rot an. Ob sie vielleicht heimlich Deutschstunden genommen hatte?

Ich werde es nie herausfinden, denn eines Abends, als ich nach Hause kam, war Kitty verschwunden. Sie kehrte auch am nächsten Tag nicht in den Fahrstuhl zurück und am übernächsten auch nicht. Es stellte sich heraus, dass unsere Hausverwaltung sämtliche Fahrstuhlknopfdrückerinnen entlassen hatte. Das sollte eine Strafe dafür sein, dass viele Wohnungseigentümer ihre Hausverwaltungsgebühr schon seit Jahren nicht gezahlt hatten. Die FSKD waren also offenbar doch nicht gesetzlich vorgeschrieben. Sofort begann ich mir um China Sorgen zu machen. Die aber stellten sich bald als unbegründet heraus. Erstens sitzen auch heute noch FSKD in vielen Fahrstühlen im ganzen Land. Und zweitens hat unsere Regierung durchaus noch andere unnütze Jobs auf Lager: Wachleute, die nur in der Gegend herumstehen und nichts bewachen, Verkäuferinnen, die in Kaufhäusern an jedem einzelnen Regal aufpassen, dass bloß niemand etwas kauft, oder sogenannte Verkehrsmanagement-Assistenten, die mit der Trillerpfeife im Mund und einer Fahne in der Hand Fußgänger und Fahrradfahrer darauf hinweisen, dass die Ampelfarbe gerade gewechselt hat. Besonders dankbar aber bin ich für einen

Beruf, der im Zuge des Arbeitsbeschaffungsprogramms eher en passant geschaffen wurde, den des LBDAIUJ-B nämlich. Das heißt «Leute bei der Ausübung ihres unnützen Job-Beobachter», und ich freue mich wirklich sehr, dass gerade ich diesen Job bekommen habe.

6 Der Mann, den sie Berg nannten

Sehen Sie sich bitte das Foto dieses Mannes genau an! Spüren Sie was? Nein? Ich schon – jedes Mal, wenn ich sein Foto sehe, muss ich mich gewaltig ärgern. Der Mann heißt Mark Rowswell, wird in China aber nur Da Shan (Großer Berg) genannt. Und leider sieht man sein Bild hier an jeder Ecke.

Um ehrlich zu sein: Ich ärgere mich eigentlich gar nicht über

Mein liebster Feind: der Kanadier Mark Rowswell, genannt Da Shan.

den Mann, sondern eher über mich selber. Da Shan erinnert mich nämlich immer wieder daran, dass ich viel zu spät nach China übersiedelte. Der Kanadier dagegen kam 1988, genau im richtigen Moment, als junger Student, der an der Universität Peking Chinesisch lernen wollte. Das tat er so eifrig, dass er bereits ein Jahr später einen kleinen Gastauftritt in der Neujahrsshow des chinesischen Fernsehens hatte, der beliebtesten Sendung des Jahres. Da lieferte er sich mit seinem Förderer Jiang Kun einen echten Xiangsheng. Das ist ein traditioneller, komischer Stand-up-Dialog, der voller Wortspiele ist und gespickt mit historischen Verweisen und Bezügen. Dieser Auftritt war eine Sensation für die Chinesen, die bis dahin einfach nicht geglaubt hatten, dass ein Lao Wai auch nur halbwegs korrekt Chinesisch sprechen kann.

So wurde Da Shan mit einem Schlag berühmt und machte anschließend eine beispiellose Karriere. Heute ist er nicht nur mit seinen Xiangsheng-Performances zu sehen, sondern auch in Spielfilmen und Fernsehserien sowie als TV-Sprachlehrer, der versucht, uns Ausländern Chinesisch beizubringen. Damit ist Da Shan nicht nur der bekannteste weiße Mann in China, sondern mit insgesamt achthundert bis neunhundert Millionen Zuschauern, die allein die Neujahrsshows haben sollen, wohl auch der berühmteste nichtchinesische Entertainer der Welt. Nur mal zum Vergleich: Im Zwergstaat USA wohnen rund dreihundert Millionen Menschen, und Thomas Gottschalk hat, wenn es sehr gut läuft, bei «Wetten, dass ...?» fünfzehn Millionen Zuschauer. Damit ist Da Shan sechzigmal populärer als der deutsche Showmaster und immer noch dreimal berühmter, als es ein amerikanischer Unterhaltungskünstler in seinem Heimatland je werden kann.

Genau deshalb ärgere ich mich. Denn wäre ich bloß rechtzeitig nach China gekommen – sagen wir: drei, vier Monate vor ihm – und hätte ich mich ein bisschen auf der Uni angestrengt, dann könnte ich heute Da Shan sein. Ich wäre nicht nur unvorstellbar berühmt, sondern auch ein reicher Mann, der geschätzte fünfhunderttausend US-Dollar pro Jahr verdient. Da Shan vermarktet seinen China-Weltruhm nämlich kräftig. Er hat zig Bücher geschrieben, darunter Englischlehrbücher und Kanada-Reiseführer für Chinesen, eine chinesische Einführung ins Internet und eine ganze Kinderbuchreihe, die «Onkel Dagobert», Quatsch, «Onkel Da Shan» heißt.

Das meiste Geld aber macht er mit Werbung, weshalb er einem auch an jeder Straßenecke entgegenlächelt: Da Shan wirbt für Klimaanlagen, für chinesischen Schnaps, «kanadischen» Ginseng, für Anzüge, für den Import kanadischer Atomkraftwerke und jeden Abend direkt vor und nach den Hauptnachrichten für ein elektronisches Übersetzungstool der Firma Word King. Meine Lieblingswerbung ist allerdings die für Nao Bai Jin, ein traditionelles chinesisches Medikament, das einen schlauer machen soll, weshalb sein Name auch Platingehirn bedeutet.

Wäre ich Da Shan, hätte ich aber nicht nur einen Haufen Geld, man würde mich auch mit einer Vielzahl von Auszeichnungen überschütten. So wurde dem Kanadier 2004 der Titel «Hervorragender junger Erwachsener» verliehen, eine der höchsten Ehrungen, die die Stadt Peking zu vergeben hat. Im Jahr 2008 bekam er als erster westlicher Ausländer den «White Magnolia Award» für die beste Nebenrolle in einem Theaterstück. Und sogar im Westen wird der Tausendsassa inzwischen wahrgenommen. Das «Time Magazine» wählte ihn bereits vor einiger Zeit zu einer der «führenden Persönlichkeiten des 21. Jahrhunderts». Ein Titel, von dem ich schon lange träume.

Aber selbst wenn ich mir täglich fünf Liter Platingehirn einverleibte, wäre es mir wohl unmöglich, Da Shans Erfolg zu wiederholen. Das zeigen die Versuche der verschiedenen Da-Shan-Imitatoren. Der Schwede Johan Bjorksten kam nur wenig später als Mark Rowswell. Er nannte sich frech Da Long (Großer Drache) und führte als Fernseh-DJ die Chinesen in die westliche Rockmusik ein. Außerdem schrieb er ein Buch über Schriftzeichen und kann ein berühmtes Tang-Dynastie-Epos aus dem Kopf rezitieren. Trotzdem darf er heute im Fernsehen nur ab und zu ein Erdbeersoufflé zubereiten.

Auch der Engländer Daniel Newham kommt nicht an den Erfolg von Da Shan heran, obwohl er sich wirklich größte Mühe gibt. Er turnt nicht nur in diversen Fernsehsendungen herum, sondern versucht sich noch dazu als Sänger. Dabei nimmt er alles mit, was kommt: mongolische Volkslieder oder auch ein halb geraptes Stück wie den englisch-chinesischen Olympiasong «Get In The Jing». Doch Newham wird weder auf der Straße erkannt, noch in die Neujahrsshow eingeladen. Vielleicht liegt es daran, dass sich der Engländer im verzweifelten Bemühen, es dem großen Da Shan nachzutun, den Namen Da Niu gab, Großer Ochse bzw. Große Kuh. Wahrscheinlicher ist jedoch, dass er, der erst 1999 angefangen hat, in Peking zu studieren, einfach nur zum falschen Zeitpunkt kam.

Mittlerweile leben nämlich Tausende von langen Nasen in China, die genauso gut Chinesisch sprechen können wie Da Niu oder Da Shan. Doch damit kommt man heute nur noch als Experte für Nahrungsmittelsicherheit und Ähnliches ins Fernsehen. Es sei denn, man tritt im Rudel auf: als Talkshow-Klatschvieh oder in einer Sendung, in der eine chinesische Jury die Putonghua-Sprachkompetenz verschiedener ausländischer

Kandidaten bewertet, um am Ende dann den Super-Lao-Wai zu wählen.

Ganz offensichtlich ist seit Da Shans Durchbruch der Zug zum schnellen Fernsehruhm für uns lange Nasen abgefahren. Darüber ärgere nicht nur ich mich, sondern auch viele andere Ausländer hierzulande. Das kann man in verschiedenen China-Blogs und Expat-Internetforen nachlesen, wo der große Mann von Chinakennern und Chinesischsprechern als ahnungsloser Affe, dilettierender Clown und Kasper beschimpft wird, der sich bei den Chinesen anbiedert.

Das allerdings bringt mich auf eine Idee: Wenn ausgezeichnete Chinesischkenntnisse und sonstige Qualifikationen nichts mehr nützen, um in China ein Star zu werden, vielleicht hätte dann jemand eine Chance, der, so wie ich, kaum Chinesisch sprechen und erst recht nicht lesen kann? Ich hätte auch schon einen Künstlernamen, der den Chinesen gefallen müsste: Da Ben, Großer Idiot. Ich schwöre, damit mache ich hier eine riesige Karriere.

Putonghua heißt so viel wie Allgemeine Sprache oder Standardsprache, wird aber in der Regel mit Hochchinesisch oder Mandarin übersetzt. Sie entspricht mit kleinen Abweichungen ungefähr dem Dialekt, der in Peking gesprochen wird, und wird in allen Schulen Chinas gelehrt. Daneben wird Chinesisch von Chinesen auch Hanyu genannt, was «Sprache der Han(-Chinesen)» bedeutet. Mandarin aber sagt keiner, denn das Wort stammt aus dem Portugiesischen, wo es einen kaiserlich-chinesischen Beamten bezeichnet, der auf Chinesisch gar nicht so heißt, sondern Guan. Wie die meisten Kolonisatoren hatten eben auch die Portugiesen ein extrem schlechtes Gehör, das sie durch Phantasie ausglichen.

7 LSD aus geklonten Telefonen

«Schatz», sagte ich neulich zu meiner Dolmetscherin, «ich gehe kurz mal um die Ecke, LSD kaufen.» «Ach», flötete sie zurück, «dann bring doch noch zwei Pistolen und Falschgeld mit.» Okay, ich gebe zu, ich habe diesen Dialog erfunden. Und eigentlich gehört er auch gar nicht hierher, sondern auf die Seiten mit dem Oberstufenwissen. Unser fiktives Gespräch drehte sich nämlich um ganz reale Angebote, die hier in Peking per SMS verschickt werden. Und die kann ja ein China-Anfänger in der Regel gar nicht lesen.

Ich bin dazu auch nicht in der Lage – aber wozu habe ich meine Dolmetscherin? Die nerve ich damit, dass ich mir jede chinesische SMS, die auf meinem Handy eingeht, übersetzen lasse, denn ich habe Angst, auch nur eins der tollen Angebote zu verpassen. Eigentlich sind meine Befürchtungen unbegründet, trudeln diese Botschaften doch mit großer Regelmäßigkeit ein. Im letzten Jahr kam die erste schon am Neujahrstag: «Frohes neues Jahr. Unsere Firma verkauft langfristig geschmuggelte Wagen, Waffen, Darlehen mit hohen Zinsen, Falschgeld, Halluzinogene, Röntgenbrillen. Racheaufträge. Zeugnisse online. Kontaktnummer: Herr Yang Sheng 137 892 592 95.»

Herr Yang schien gut im Geschäft zu sein, denn er hatte mindestens zwei Handys. Das entnahm ich der nächsten SMS, die mich am 4. Januar um 2:49 Uhr in der Nacht erreichte: «Frohes neues Jahr. Unsere Firma liefert Schwarzwagen, Waffen zur Selbstverteidigung, Darlehen mit Wucherzinsen, nimmt Racheaufträge an und bietet ähnliche Dienstleistungen. Interessierte bitte Herrn Yang Sheng anrufen unter

134 694 807 99.» Als ich mich gerade fragte, was «ähnliche Dienstleistungen» wohl sind, piepste das Handy schon wieder. Diesmal war es Herr Xie Fa: «Alle Schulabschlusszeugnisse für alle Provinzen. Quittungen, Stempel und Eigentumsbescheinigungen für Wohnungen, Kfz-Briefe und alle Papiere. (Darüber hinaus führen wir auch Halluzinogene und Falschgeld, Darlehen mit hohen Zinsen und Abhörgeräte.) Kontaktperson: Xie Fa, Tel. 137 298 98 589.»

Das waren natürlich interessante Leistungen und Produkte, von denen man nicht wissen konnte, ob man sie nicht einmal brauchen würde. Besonders die Röntgenbrillen kamen mir damals sehr attraktiv vor, weil ich immer wieder Schwierigkeiten hatte, meine Dolmetscherin zu durchschauen. Doch bevor ich mich entschließen konnte, eine zu bestellen, machte mir die hiesige Regierung einen Strich durch die Rechnung. So schien es jedenfalls.

Zum 1. Januar 2007 wurde nämlich in den Zeitungen ein neues Gesetz angekündigt. Danach sollte sich künftig jeder der über fünfhundertfünfzig Millionen chinesischen Handybesitzer beim Kauf einer Telefonnummer mit seinem echten Namen und seiner Adresse registrieren lassen. Bis dahin hatte man eine SIM-Karte plus Telefonnummer ohne Angabe der Personalien an jedem zweiten Kiosk kaufen können, sodass zweihundert Millionen Handybesitzer praktisch unaufspürbar telefonierten. Das kam natürlich LSD- und Röntgenbrillenhändlern wie Herrn Yang sehr entgegen, die doch auf eine gewisse Diskretion Wert legen.

Ich fürchtete schon, nun würden die guten Angebote mit einem Schlag aufhören. Doch auch im neuen Jahr ging das SMS-Gespamme munter weiter. Vielleicht hatte man das Gesetz gar nicht in Kraft gesetzt. Auf jeden Fall wurde es nicht angewendet, denn bis heute kann man SIM-Karten und Telefonnummern ohne Registrierung erwerben. Mein Eindruck ist sogar, dass die Angebote nach der angeblichen Gesetzesreform noch besser wurden. Erst neulich bekam ich beispielsweise eine Kurznachricht von einem Herrn Li: «Unsere Firma klont Handynummern. Sie können bei jedem Handyanschluss, der Sie interessiert, die Gespräche mithören und jede SMS mitlesen. Erst testen, dann bezahlen!» Sofort dachte ich an das Handy meiner Dolmetscherin. Wenn ich ihre Telefongespräche belauschen könnte, wäre endlich Schluss mit dem geheimnisvollen Getue. Also speicherte ich die Nummer von Herrn Li, um ihn später anzurufen.

Doch schon wieder kam etwas dazwischen. Dieses Mal war es ein Artikel in China Daily, den ich zufällig las. Danach waren gerade drei ausländische Studenten in Peking Opfer eines Betrugs per SMS geworden. In zwei Fällen bat der Vermieter per Kurznachricht, einen ausstehenden Mietbetrag auf ein anderes Konto als das bisherige zu überweisen. Der Vermieter war allerdings nur ein «Vermieter», und das Geld war nach der Überweisung weg. Im dritten Fall hatte der Student siebentausendfünfhundert Yuan auf ein Konto überwiesen, um so an einen «Gewinn» von dreihunderttausend Yuan zu kommen. Natürlich gab die Polizei den Studenten eine gewisse Mitschuld an den Betrugsfällen. Besonders erschwerend kam für die Behörden hinzu, dass die Studenten so gut Chinesisch gelernt hatten, dass sie in der Lage waren, die SMS zu lesen und zu beantworten. So klang es zumindest in der Zeitung.

Gerade wollte ich triumphieren, weil mir so etwas natürlich nicht passieren kann, da stieg in mir der Verdacht auf, auch Herr Li könnte eventuell ein nicht vollkommen seriöser Geschäftsmann sein. Folglich ignorierte ich schweren Herzens sein verlockendes Angebot. Von nun an ließ ich mir von der Dolmetscherin nur noch Witze übersetzen, die ebenfalls gelegentlich auf meinem Handy eingehen und die mir immer wieder tiefe Einblicke in eine mehrere tausend Jahre alte Kultur gestatten. Den letzten bekam ich vor nicht allzu langer Zeit, und er ging so: «Ein Kader legt seine Hand auf den Oberschenkel seiner Sekretärin. Die Sekretärin fragt: ‹Haben Sie schon Zeile 11, Seite 361, Band 2 der Ausgewählten Werke von Deng Xiaoping gelesen?› Der Kader nimmt sofort seine Hand weg und schämt sich. Zu Hause schlägt er die Stelle nach und liest dort: ‹Führer und Kader. Seid noch mutiger!›» Über diesen Witz habe ich in den letzten Wochen öfter nachgedacht. Vielleicht ist er ja ein Wink mit dem Zaunpfahl? Hätte sie mir den Witz sonst nicht ganz anders übersetzt? Ich glaube, ich werde Herrn Li demnächst doch einmal anrufen müssen. Sonst finde ich nie heraus, was sie so denkt.

Nach Auskunft des chinesischen Ministeriums für Industrie und Informationstechnologie wurden 2008 in China insgesamt 723,08 Milliarden SMS verschickt. Druckte man die aus, könnte man damit unser gesamtes Sonnensystem tapezieren. Wie viele von diesen SMS Spam waren, sagt das Ministerium leider nicht. Die Infos von Herrn Li und Co. kann man inzwischen auch auf dem Mount Everest empfangen. China Mobile ließ mit Yaks und Sherpas eine Menge Gerät auf den Bergschaffen, um auf sechstausendfünfhundert Metern eine Mobilfunkstation zu errichten. Diese und zwei andere Stationen auf fünftausendachthundertzwanzig bzw. fünftausendzweihundert Metern sollten im Mai 2008 die Mobilfunkübertragung beim olympischen Fackellauf auf den Gipfel gewährleisten. Und das haben sie auch brav getan.

8 Ohne eingebauten Kompass

Manchmal ist es wirklich zum Mäusemelken. Da berichtet man schon etliche Jahre direkt und detailliert aus der chinesischen Hauptstadt, und noch immer haben die Deutschen keine Ahnung von China. So wie der Bekannte, der mich neulich hier in Peking besuchte. Er wollte eigentlich nur nach Guangzhou, um dort ein paar Geschäfte zu machen. Nun liegt Guangzhou im Süden des Landes, in unmittelbarer Nachbarschaft Hongkongs, von Peking ist es zweitausend Kilometer entfernt. Früher nannte man die Stadt Kanton. «Hätte ich das gewusst», sagte da der Mann, «wäre ich doch gleich nach Hongkong geflogen und den Rest mit dem Zug gefahren.» Der Rest, das wären schlappe hundertvierundsiebzig Kilometer gewesen. Guangzhou hat aber auch einen brandneuen internationalen Flughafen. Dreimal in der Woche fliegt die Lufthansa von Frankfurt aus direkt dorthin. Das habe ich meinem Bekannten nicht gesagt. Ich wollte ihn nicht zusätzlich deprimieren.

Allerdings: Sowenig sich Ausländer in der chinesischen Geographie auskennen, so wenig tun das die Chinesen. Rund fünfzigtausend Wachmänner stehen in Peking herum, die nichts anderes machen, als in dieser extrem sicheren Stadt Parkplätze, Hotels, Supermärkte und die Eingänge von Wohnanlagen zu bewachen. Sie hätten eigentlich den lieben langen Tag Zeit, sich darüber klar zu werden, wo sie sich befinden. Sie wissen es trotzdem nicht. Fragt man einen von ihnen nach einem Restaurant, einer Straße oder einer berühmten Sehenswürdigkeit in Steinwurfnähe, zucken sie nur mit den Schultern und murmeln: «Bu zhi dao», keine Ahnung.

Den Chinesen, so scheint es, fehlt der Orientierungssinn. Das ist mir schon zu meinen Singapurer Zeiten aufgefallen. Damals lernte ich einen chinesischstämmigen Mann kennen, der den lustigen Namen Jasper trug und der Offizier in der Singapurer Armee war. Eines Tages wollte mich Jasper zum Bowling abholen; der Abwechslung halber gab ich mich im öden Singapur bisweilen dieser auch nicht gerade schillernden Vergnügung hin. Jasper brauchte eine geschlagene Stunde, um mich zu finden. Anschließend wollten wir noch eine junge Frau einsammeln. Sie stand, so hatte sie per Handy durchgegeben, am Clifford Pier, einer der wenigen historischen Sehenswürdigkeiten in der Innenstadt, die die Kahlschlagsanierung der letzten fünfzig Jahre auf wundersame Weise überstanden hat. Jasper hatte trotzdem keine Ahnung, wo es zu finden war. Nachdem er sich x-mal verfahren hatte, gelang es ihm nur mit meiner Hilfe, die Dame schließlich ausfindig zu machen. Dazu muss man wissen: Die gesamte Insel Singapur ist wirklich winzig. Von Ost nach West misst sie maximal zweiundvierzig Kilometer, von Nord nach Süd sind es ungefähr fünfundzwanzig. Und die eigentliche Innenstadt ist so überschaubar wie beispielsweise Bielefeld. Trotzdem kannte sich hier ein Armeeoffizier nicht aus, zu dessen vornehmlichen Aufgaben es doch gehört, sich in einem beliebigen Gelände zu orientieren. Da stellt sich allerdings die Frage, wie man mit einer Armee, die aus solchen Leuten besteht, überhaupt ein Land verteidigen will?

Glücklicherweise hat sich Singapur in den wenigen Jahren seiner Selbständigkeit noch nie im Krieg befunden. Anders ist das mit China, das vor 1949 eine lange Phase der kriegerischen Auseinandersetzungen erlebte. In dieser Zeit konnte man sehr schön beobachten, wie sich chinesisches Militär verhält, wenn es sich in einer unbekannten Umgebung befindet. Der Lange Marsch von 1935 bis 1936, auf dem die Rote Armee unter Mao Tse-tung den nationalistischen Truppen Chiang Kai-shcks entkam, gilt bis heute zu Recht als eine der großartigsten strategischen Leistungen der Militärgeschichte. Doch sieht man sich die Marschroute der Roten Armee auf der Karte einmal genauer an, wird man schnell entdecken, dass Maos Truppen immer wieder in Spiralen oder gar im Kreis marschierten. Viele Militärhistoriker meinen, man habe so die Truppen der Nationalisten in die Irre führen wollen. Die jüngste, ziemlich schlechte Mao-Biographie von Jung Chang und Jon Halliday unterstellt sogar, Mao hätte seine Truppen absichtlich einen Umweg von zweitausend Kilometern machen lassen, um sich unterwegs seiner innerparteilichen Widersacher besser entledigen zu können. Was aber wäre, wenn sich die Rote Armee einfach in den unübersichtlichen Bergen Guizhous oder Sichuans verlaufen hätte?

Bleibt die Frage: Wer ist schuld, dass die Chinesen nie so genau wissen, wo sie sind? Ein fehlendes Gen, der schlimme Smog oder – im Westen immer wieder gern genommen – die kommunistische Partei? Ich glaube: Es liegt an der unendlich großen Menge an chinesischen Schriftzeichen, von denen man bis heute noch nicht einmal weiß, wie viele es überhaupt gibt. Das Kangxi-Wörterbuch von 1716 verzeichnet zwar genau 46 964, doch aktuelle Internetseiten wie chineseculture.about.com meinen, man müsse inzwischen von achtzigtausend ausgehen. Allgemein wird zwar behauptet, man käme mit nur dreitausendfünfhundert Zeichen aus, um eine Zeitung zu lesen. Aber selbst wenn man immerhin ein Zeichen pro Tag behält, braucht man zehn Jahre seines Lebens, um die dreitausendfünfhundert Zeitungszeichen zu speichern. Chinesische Kinder büffeln jedoch täglich viel mehr dieser komplizierten Hieroglyphen. Da bleibt im Kopf kein Platz für Kartographie, Geographie und Wissen, wo es langgeht.

Letztlich kann sich also in China nur jemand orientieren, der hier zu Hause ist, aber keine oder kaum Zeichen lesen kann. Und wer wäre das? Ich natürlich. Darum bin ich auch einer der wenigen, die Ihnen in Peking ganz präzise Ortsauskünfte geben können. Von meiner Wohnung zum Sommerpalast? Nichts einfacher als das! Erst mal ganz lange nach links, dann nach rechts oben, zwischendurch wieder nach links, aber das Abbiegen nicht vergessen. Und dann immer der langen Nase nach.

9 Mäuse lieben Reis

Es gibt wohl wenige Leute auf dieser Erde, die Musik so sehr lieben wie die Chinesen. Man singt mitten auf der Straße vor sich hin, man summt in Fahrstühlen oder nimmt kleine Radios mit zum Wandern, um auch in der Natur Musikuntermalung zu haben. In den Parkanlagen der großen Städte versammeln sich fast täglich die Alten, um begleitet von kleinen Kapellen zu singen. Meistens interpretieren sie alte kantonesische Schlager oder Lieder, die die Landschaften Chinas, den Kommunismus oder den Vorsitzenden Mao loben. Diese Form der chinesischen Musik gefällt mir sehr gut. Mit den klassischen Pekingopern dagegen habe ich meine Probleme. Sie entstammen einer Tonwelt, der ungeübte westliche Ohren nicht lange standhalten. Entschieden problematischer selbst als Pekingopern ist allerdings die chinesische Popmusik, für die sich die hiesige Jugend begeistert. Sie ist süßlich, simpel und oft ziemlich einfältig instrumentalisiert. Warum das so ist, hat sicher noch keiner hinreichend untersucht. Es könnte natürlich an der Tatsache liegen, dass China kurz nach dem Ende der Kulturrevolution unter den Einfluss extrem zweifelhafter westlicher Popmusik geriet. Nachdem im ganzen Land fast zehn Jahre lang nur Revolutionslieder und insgesamt acht revolutionäre Modellopern geduldet waren, war der Hunger nach neuen Melodien einfach so groß, dass man sich wahllos für jeden noch so schlimmen Popsong begeisterte, der zufällig ins Land schwappte. Drei dieser Songs sind «Country Roads» von John Denver, «Hotel California» von den Eagles und «Yesterday Once More» von den Carpenters. Zusammen mit dem erst später dazugekommenen «Lemon Tree» der deutschen Band Fool's Garden und dem Titanic-Film-Song «My Heart Will Go On», gesungen von Celine Dion, bilden sie die «fünf ewigen» westlichen Popsongs in den chinesischen Charts. Das heißt, sie liegen wie eine Klangglocke über dem Land, man hört sie seit Jahren wieder und wieder in Supermärkten und in Bussen, aus Lautsprechern auf der Straße oder in Karaokebars.

Wie und wann diese Songs genau nach China kamen, ist weitgehend ungeklärt. Am meisten weiß man über «Country Roads». Eine Quelle behauptet, der Song sei noch vor Ende der Kulturrevolution nach China gelangt. Danach besuchte der chinesische Außenminister Zhou Enlai 1972 auf seiner ersten USA-Reise gemeinsam mit dem damaligen US-Präsidenten Nixon ein Konzert von John Denver. Zhou soll das Konzert so gut gefallen haben, dass er sich anschließend mit fünfhundert

Kassetten eindeckte, auf denen sich unter anderem «Country Roads» befand. So steht es jedenfalls im großen Märchenbuch des 21. Jahrhunderts, Wikipedia, geschrieben. Allerdings habe ich nirgendwo eine Bestätigung für diese Geschichte gefunden, und es kommt mir doch etwas seltsam vor, dass ausgerechnet der chinesische Außenminister Country-Pop-Kassetten unter das Volk gebracht haben soll.

Verbürgt ist jedoch, dass John Denver sieben Jahre später für Deng Xiaoping sang, als dieser in den USA weilte. Deng, der auf dieser Reise sogar ein Rodeo besuchte und einen Cowboy-Hut trug, war sofort von «Country Roads» begeistert. Einige westliche Chinaexperten vermuten, dass älteren chinesischen Politikern und Militärs der Song auch deshalb so gut gefällt, weil er sie an den Langen Marsch der chinesischen Roten Armee erinnert. So war John Denver auch der erste ausländische Popmusiker, der 1992 eine echte Tournee durch China machen durfte. Der erste westliche Popmusiker, der überhaupt in China auftrat, war seltsamerweise George Michael, der 1985 mit seiner damaligen Band Wham! im Worker's Gymnasium zu Peking spielte. Das Konzert war eine Weltsensation, hat aber kaum Spuren hinterlassen. «Wake me up before you gogo» ist jedenfalls in chinesischen Sphären nur selten zu hören. Dafür wurde der Song 2004 noch einmal in Japan gecovert. Es sind eben manchmal sehr verschlungene Wege, die die Popmusik geht. Einen solchen legte auch der alte Eagles-Hit «Hotel California» zurück, der wahrscheinlich von den Hippiestränden Thailands oder Balis nach China geschwemmt worden ist, schließlich haben die Eagles auf chinesischem Boden erst 2004 zum ersten Mal gespielt. Trotzdem gilt vielen Chinesen «Hotel California» als die eigentliche amerikanische Nationalhymne. Als im Frühjahr 2001 chinesische Abfangjäger ein US-amerikanisches Spionageflugzeug zur Landung zwangen, befahlen die chinesischen Soldaten ihren Gefangenen, «Hotel California» zu singen. Erst als die Besatzung des Flugzeugs dem Befehl gefolgt war, sollen die Chinesen überzeugt gewesen sein, wirkliche Amerikaner gefangen genommen zu haben. Die schlimme Titanic-Hymne aus dem Mund von Celine Dion kam mit dem schlimmen Film nach China, der seinerzeit das Land im Sturm erobert hat. Selbst der damalige Partei- und Staatschef Jiang Zemin empfahl seinen Genossen in einer Rede vor dem Nationalen Volkskongress, sich den Film anzusehen und von ihm zu lernen – wahrscheinlich, wie man die Kollision mit Eisbergen vermeidet. Neben dem Original des Titelsongs wird übrigens auch die Coverversion des Schlafzimmersaxophonisten Kenny G. in China sehr geschätzt. Diesen Trötisten verehren die Chinesen wie einen musikalischen Buddha. Deshalb versprach er wohl auch, im Jahr 2009 für einige Zeit nach Shanghai zu ziehen, um dort eine Schule zu eröffnen, wo er seine Musikreligion lehren wollte. Am Ende wurde nichts aus diesem Plan. Kenny muss ihn verschlafen haben, eingelullt von seinen eigenen Klängen.

Weiterhin ungeklärt aber ist der Erfolg von «Lemon Tree» und «Yesterday Once More». Die Carpenters sind schon insofern ein Sonderfall, weil es sich ja bei ihnen im Gegensatz zum schrecklichen Rest um gute Popmusik handelt. Doch auch ein eigentlich sehr schöner Song wie «Yesterday Once More» geht unweigerlich kaputt, wenn man ihn fünfzigmal am Tag spielt.

Allerdings springen die Chinesen mit ihrer eigenen Popmusik nicht anders um. Um die ist es auch nicht weiter schade, denn bis auf ein paar Ausnahmen (die phantastische Sängerin Faye Wong, der Rockmusiker Xu Wei, einige frühe

Stücke des Taiwanesen Jay Chou und der Band Fir) ist sie von zuckerwattiger Konsistenz. Einer der penetrantesten Songs ist «Mäuse lieben Reis», ein Hit, der seit 2001 aus dem chinesischen Musikuniversum nicht mehr wegzudenken ist. Komponiert wurde das Lied von dem singenden Buchhalter Yang Chengang. Wahrscheinlich hätte die Zentralregierung das Lied wegen offensichtlicher Dämlichkeit gerne verhindert, denn im Radio wurde es zunächst nicht gespielt. Aber gegen das Internet ist selbst ein autoritäres Regime machtlos.

Heute gibt es rund zehn verschiedene Versionen des Songs in etlichen asiatischen Sprachen, und der clevere Buchhalter ist längst Millionär. Dabei ist das Stück sowohl textlich («Ich liebe dich, so wie eine Maus Reis liebt») als auch musikalisch eine schwere Menschenrechtsverletzung. Man fragt sich, weshalb die CIA, die ja bekanntlich gerne mit Pop- und Rockmusik foltert, diesen Song nicht bei ihren Verhören in Afghanistan und Guantánamo eingesetzt hat. Jeder Gefangene hätte wohl alles gestanden.

Dagegen ist chinesische Rock- und Punkmusik viel besser zu ertragen. Hier sind es eher die Musiker selbst, die nerven. So war der erste chinesische Rockmusiker ein Mann namens Cui Jian, Mitte der Achtziger begründete er dieses Musikgenre hierzulande. Und genau damit fängt die Nerverei schon an. Jeder englischsprachige Journalist nämlich, der in den letzten zwanzig Jahren über chinesische Rockmusik geschrieben hat, musste Cui Jian als den «Godfather of Chinese Rock» bezeichnen. Dabei ist Cui Jian eigentlich recht liebenswürdig und hat sicher noch nie jemandem einen Pferdekopf ins Bett gelegt, geschweige denn einen seiner Mitrocker umgebracht. Außerdem macht er schon längst unbedeutende Welt- und Schrebbelmusik und ist ein guter Freund von Udo Lindenberg, mit dem er sich den Hang zum Kopfbedeckungtragen (Udo: Hut; Cui Jian: Basecap) teilt. Nur, davon ist nie die Rede.

Cui Jian kann letztlich nichts für die penetrante Stilisierung durch andere. Das ist bei den neueren chinesischen Punk-, Avantgarde- und Rockbands anders. Sie gebärden sich gern als Außenseiter, die gezwungen sind, im Untergrund zu leben. «Wir brauchen diese schlechten Bedingungen und die deprimierende Atmosphäre», erzählt Wang Yue von der Pekinger Frauenband Hang On The Box in dem Dokumentarfilm «Beijing Bubbles», «um richtig gute Musik machen zu können». Und die Musiker der ansonsten sehr guten Punk-Gitarrenband Joyside antworten auf die Frage eines kanadischen Journalisten, weshalb sie in ihren Texten keine Systemkritik transportieren, es drohe ihnen in diesem Falle: «Gefängnis, Tod.»

Das ist natürlich Blödsinn, denn es gibt genug Bands in China, die aufmüpfige Texte singen. Die Pekinger Skinhead-Band Mi San Dao singt praktisch nur davon, dass sie das hiesige System zu penetrieren trachtet: «Policeman, Fuckingman» heißt es in ihren Texten, oder: «You are a dog, you are a fucking machine. You are working for the fucking government.» Mi San Dao spielen diese Songs schon seit Jahren unbehelligt in Pekinger Lokalen. Auch sah ich in Peking schon Punks mit Lederjacken rumlaufen, auf denen «Kill The Chairman» geschrieben stand. Zugegeben, der Chairman ist schon länger tot, und die bösen Texte sind auf Englisch, weshalb sie ein durchschnittlicher Polizist nicht versteht. Trotzdem scheint sich der hiesige Repressionsapparat nicht groß um die chinesischen Punks zu kümmern. Sie können es sich sogar leisten, vor westlichen Kameras zu kiffen, was die Lunge hergibt. In Staaten wie Singapur oder Malaysia sähe man sich für solcherlei Leichtsinn sehr schnell ein Gefängnis von innen an.

Auch wirtschaftlich geht es den Punk- und Avantgardebands nicht schlecht, zumindest besser als jedem Wanderarbeiter in Peking. Manche Bands haben sogar inzwischen einen Plattenvertrag mit ausländischen Labels, und die meisten sind schon durch die USA, Deutschland, Frankreich, England oder Skandinavien getourt. Dort wird ihnen jedes Mal eine Medienaufmerksamkeit zuteil, die Bands aus Europa oder den USA bei gleicher Qualität und musikalischer Orientierung nie erhalten würden. Doch die chinesischen Musiker kommen ja direkt aus dem Untergrund, wo sie täglich um Freiheit oder Leben bangen müssen.

Im Westen weiß man offenbar nicht, dass in China Punk und Artverwandtes gerade im Begriff stehen, im Mainstream anzukommen. Zwar wird die Musik immer noch sehr selten im Radio gespielt und kommt im Fernsehen gar nicht vor. Doch dafür sind die Punks anderswo umso präsenter. Die Band AK-47 wurde ausführlich in dem drögen Mainstream-Unterhaltungsfilm «All About Women» des Regisseurs Xu Ke gefeatured. Die Subs waren auf dem Cover des chinesischen Rolling Stone, und Joyside-Sänger Bian Yuan schaute im Sommer 2008 von riesigen Converse-Werbeplakaten auf uns Pekinger herab. Andere Pekinger Punks haben in den letzten Jahren gutgehende Boutiquen aufgemacht oder arbeiten als Redakteure für den Hongkonger Musiksender Channel V. Trotzdem wird eifrig weiter in Kameras hinein erklärt, dass man auf Gesellschaft, Geldverdienen und Konsum pfeife. Auch wenn sich dieser Unsinn kaum von dem unterscheidet, den Jugendliche im Rest der Welt zu erzählen neigen, geht er mir auf meine zusehends empfindlicher werdenden Nerven.

Nur ab und zu setze ich mich in ein Taxi und fahre ins D-22, den besten Club der Stadt. Hier lasse ich mir dann ein paar Stunden lang von den Hausbands Carsick Cars, Queen Sea Big Shark oder den phantastischen Joyside die Ohren volldröhnen. Oder ich düse ins Yugong Yishan, wo die großen Newcomer der Pekinger Szene, die Electropunks von Pet Conspiracy, regelmäßig ihre wilde Show abziehen. In richtig guten Nächten schleudert mich diese Musik so weit in der Zeit zurück, dass auch ich wieder jung und dumm bin, jedenfalls ein bisschen.

Manchmal gehe ich aber auch zusammen mit meiner Dolmetscherin und ihrer Familie zum höchst beliebten Karaoke. Und ob man's glaubt oder nicht: Hier kann man mich dann sogar selbst singen hören. «Country Roads» zum Beispiel und, ja, ich geb's zu, «Mäuse lieben Reis». Natürlich singe ich diese Lieder nicht, weil sie mir gefallen. Aber nach Jahren der Gehirnwäsche sind es einfach die einzigen, die ich singen kann, ohne mich mehr als nötig zu blamieren. Außerdem tut es gut, wenn ich wenigstens in der Karaokekabine einmal zurücknerven kann.

10 Im freien Osten

Von Deutschen werde ich immer wieder gefragt, ob ich denn hier in China auch ordentlich unter der Zensur zu leiden habe? Ich frage dann zurück: Welche Zensur? Was die schönen Künste betrifft, ist China wohl das freieste Land der Welt. Viel freier jedenfalls als Deutschland.

Das gilt besonders für den Film. Auf DVD gibt es hier alles: das Neueste aus Hollywood, aus Japan oder Indien, aber auch entlegenes, altes Zeug; bis hin zu Charles-Manson-Dokus, Pasolinis «Salò», dem monumentalen sowjetischen Kriegsfilm «Der Fall von Berlin» – mit Stalin als Gärtner im Kreml; unendlich viel besser als «Der Untergang» – oder dem ausgezeichneten Frühwerk des Österreichers Michael Haneke. Inzwischen habe ich mehr Filme geschaut als in meinem ganzen europäischen Leben, und meine DVD-Sammlung wächst von Tag zu Tag. Damit stehe ich nicht alleine. Ob Ausländer oder Chinese: Jeder, der in China lebt, guckt und sammelt. Ein guter Bekannter besitzt mehr als zehntausend Filme, die er in einem Extra-Zimmer in eigens angefertigten Glasvitrinen hortet: «Die sehe ich mir alle nacheinander an, wenn ich alt bin.»

Natürlich sind das alles Raubkopien, wie nach Schätzungen von Experten rund fünfundneunzig Prozent der DVDs im Lande. Doch man verkauft die Filme ganz offen im Laden, das Stück für achtzig Cent bis zu einem Euro fünfzig, je nachdem, ob es sich um eine DVD-5 oder um eine DVD-9 handelt. Da kann sich jeder nach seinen Bedürfnissen mit Filmen versorgen und sie dann nach seinen Fähigkeiten weggucken. Das gilt auch für Filme, von denen die westliche Presse meldet, sie seien von der chinesischen Regierung verboten worden, wie beispielsweise den von Steven Spielberg produzierten Film «Die Geisha». Korrekt formuliert müssten die Meldungen lauten: «Die chinesische Regierung hat diesen Film ausdrücklich empfohlen.» Kaum ist nämlich ein Verbot ausgesprochen, legen die Raubkopierer Sonderschichten ein, und die DVD-Händler stellen die Filme ganz nach vorne ins Regal. Daran gehindert werden sie nur in den seltensten Fällen. Natürlich gehen die Filme dann weg wie ..., na, verbotene Filme in China eben.

Dass das DVD-Schauen niemals langweilig wird, liegt nicht nur an der Qualität der Filme. Zwar fehlt den geripten Fassungen meistens das im Westen übliche Bonusmaterial, dafür aber haben sie ganz eigene Extras. Und die sind viel lustiger als ein langatmiges Porträt des Regisseurs oder anderer Volkshochschulkrempel. Der Spaß fängt schon auf dem Cover an, bei den Inhaltsangaben. Verfasst sind sie meist im besten Chinglish (siehe «Buddna has not Mach the Valparaiso» im Mittelstufenwissen, Seite 129). Das klingt dann so: «Spartacus is athink with a story as impressivewe as itswidescreen ction and Ocarwinning ets.» Sehr gut gefällt mir auch die Kurzbeschreibung von «Johnny English», weil sie irgendwie so klingt, wie sich Ausländer Chinesisch vorstellen: «He kmows no feal, he knows no dangel, he kmows nothing.» Auch dass man versucht, Kinder mit dem Bonusversprechen «Including: A trip through the Walt Disney Studios and How Disney Cartoons are made» zu ködern, Liliana Cavanis Nazi-Schocker «Nachtportier» zu kaufen, finde ich sehr nett und antipädagogisch.

Noch besser aber sind die abgedruckten Credits. Hier gilt: Hauptsache, es sind große Namen drauf, ziemlich egal, welche. Die Raubtiteler behaupten beispielsweise, «Vom Winde verweht» – laut Cover übrigens ein Boxerfilm, der im Norden Englands spielt, bzw. auch: «One of the sexiest movies out this year» – sei mit Jane Fonda und dem Country-Star Willie Nelson (als Rhett Butler?). Im deutschen Katastrophenfilm «7 Zwerge» treten angeblich die Spice Girls «Victoria, Emma, Mel C., Geri, Mel B.» auf (schön wär's). «Full Metal Jacket» ist laut Information auf dem Cover ein »Therlm by Luisbunuel», und zwar mit «Catherine Deneve», «Michel Piccoliin». Außerdem hat Oliver Stone seinen Film »Oliver Stones Nixon» offenbar von Guy Ritchie drehen lassen.

Andererseits versuchen einem die Raubkopier auch nicht um jeden Preis jeden Film aufzuschwatzen. Im Gegenteil. Vor wirklich miserablen Filmen wird sogar ausdrücklich gewarnt, wie zum Beispiel vor dem deutschen Film «Liebesleben» von Maria Schrader: «This movie», liest man auf dem DVD-Cover, «is certainly not worth watching. A pointless story about sex ... While the scenery is very nice, the lack of skillful narration and superficial acting leave the movie goer empty.» Natürlich wurde auch diese Kritik geklaut – aus dem Blog sukip.com nämlich –, und der Raubkopierer hat den Inhalt wahrscheinlich auch gar nicht verstanden. Am Ende hat aber auch sie ihren mutmaßlichen Zweck erreicht: Ich habe mir die DVD jedenfalls gekauft. Nicht wegen des Films, sondern wegen des Covers mit der treffenden Besprechung.

Die schönsten Überraschungen aber erlebt, wer die DVD dann endlich einschiebt. Selten entspricht das, was man sieht, dem verbreiteten Raubkopieklischee (von der Leinwand abgefilmt, Zuschauerköpfe, Popcorntütenknistern). Öfter läuft da schon ein ganz anderer Film. Meistens ist der eine Enttäuschung: Statt des Tinto-Brass-Erotikkloppers flimmert plötzlich «Drei Farben Rot» über den Bildschirm, statt «Indochine» (mit C. Deneve) der totendoofe «Meet Joe Black». Gut beraten ist aber auch, wer etwas Kyrillisch gelernt hat, um Zwischentitel oder das Menü zu Thomas Vinterbergs Film «Dear Wendy» entziffern zu können.

Gute Frogspeak-Kenntnisse können auch von Nutzen sein, denn entgegen den Angaben auf dem Cover ist mancher Hollywoodfilm ausschließlich französisch synchronisiert. Wer das nicht kann, bleibt auf die englischen Untertitel angewiesen. Ein Hasardspiel. Entweder hat ein mongolischer Linguist die Dialoge aus dem Chinesischen zurückübersetzt; da versteht man dann nur Ulan-Bator. Oder man staunt darüber, dass Josh Hartnett in der Eröffnungssequenz von «Sin City» Jamie King zunächst küsst, sodann erschießt und dabei zu ihr sagt: «Right, lads, unbutton your muftis. Piss like a tom.» Intensive Recherchen ergaben: Das sind die Untertitel von «The Piano». Noch intensivere: Exakt dieselben Untertitel finden sich auch auf anderen Raubkopien. So erzählt ein anonymer Berichterstatter in dem Blog «Secretdubai» von ebendort, dass ihm ein chinesischer «Director's Cut» von Bridget Jones 2 («The ekge of reason») verkauft wurde, ebenfalls auf Französisch und mit «Piano»-Untertiteln. Dem Blogger gefiel allerdings die «Pisst wie ein Engländer»-Version sehr viel besser als das Original, das er sich ein paar Wochen später im Flugzeug ansah.

Auch ich glaube an das Unterhaltungspotenzial der kreativ bearbeiteten Variante, weshalb ich sie selbst gern hätte. Ich habe mir jetzt schon mehrmals «Bridget Jones 2» gekauft, doch leider sind alle sechs Kopien in Ordnung. Da hilft nur abwarten und geduldig sein. Bzw. das tun, was auf dem chinesischen Cover des deutschen Versagerfilms «Liegen lernen» steht: «Still Haitern. Nichts Machen. Dann lauten einem die lingtoublichston Frauen aber den weg.» Oder in China die lingtoublichston DVDs.

PS: Was hier über Filme und DVDs gesagt wurde, gilt im Großen und Ganzen auch für Bücher. Es gibt letztlich auch keine verbotenen Bücher in China, denn das, was der Zensor nicht erlaubt, wird sofort in hohen Auflagen nachgedruckt. Das betrifft selbst Bücher, die die Verhältnisse in China stark kritisieren, wie z.B. «Die Wahrheit über den vierten Juni», ein Buch über das Geschehen auf dem Tian-An-Men-Platz am

4. Juni 1989, oder Publikationen der Falun-Gong-Sekte. Die Betreiber von illegalen Buchläden erklären stolz, sie könnten innerhalb von drei Tagen jedes gesuchte Buch besorgen. Nach Angaben des Hongkonger Magazins Open soll es in China rund hundert Untergrundverlage geben, die etwa viertausend Druckereien und Buchbindereien für sich arbeiten lassen und mehr als zweitausendsechshundert illegale Buchläden beliefern. So können diese Off-Verlage innerhalb weniger Tage bis zu hunderttausend Raubkopien eines Buches auf den Markt werfen. Die Untergrundverleger gefährden allerdings auch die legale Buchproduktion. Man geht davon aus, dass von jeder chinesischen Neuerscheinung vierzig Prozent regulär, sechzig Prozent aber als Raubkopie erscheinen. Zwar lässt die Qualität einer Raubkopie oft zu wünschen übrig, dafür ist das Buch aber auch viel billiger.

Sollten Sie also das Buch, das Sie gerade in der Hand halten, für lächerlich wenig Geld in China erstanden haben, dann handelt es sich mit Sicherheit um eine Raubkopie. Auch wenn es vor Fehlern wimmelt, hatten sicher chinesische Raubdrucker ihre Hand im Spiel. In diesem Fall fordere ich Sie jetzt ultimativ dazu auf, sich sofort ein zweites Exemplar zu kaufen, sobald Sie wieder in Deutschland sind. Ansonsten kann ich ... hm, nun ja ... sehr, sehr böse werden.

PPS: Übrigens ist auch das Internet in China nicht wirklich zensiert. Mehr dazu erfahren Sie im Kapitel «Ich rieche, rieche Menschenfleisch» (Oberstufenwissen, Seite 149).

11 In den gelben Bergen

Unter der Herrschaft Maos waren die Chinesen fast dreißig Jahre lang überaus sesshaft. Seitdem sie aber Geld wie Reis haben, reisen sie im Ausland und im eigenen Land herum. Was sie eigentlich an der Fremde reizt, weiß niemand so genau. Um diese Frage zu untersuchen, fuhr ich vor einiger Zeit zusammen mit meiner reizenden Dolmetscherin nach Huangshan, zu einem der beliebtesten innerchinesischen Reiseziele, zugleich den berühmtesten Bergen der Welt. So steht es jedenfalls im Prospekt, sogar in englischer Übersetzung: «Huangshan Mountain is the No. 1 famous mountain in the world.» Huangshan heißt Gelber Berg, aber eigentlich sind es mehrere Berge, und die sind so wenig gelb wie die Chinesen selber. Da haben wir gleich das nächste Rätsel.

Aber schon das erste ist schwer zu lösen. In Huangshan angekommen, stellten wir schnell fest, dass es nicht die Natur sein kann, die die Chinesen hierherzieht. Die macht ihnen Angst. Wohl deshalb waren die Berge eingezäunt und wurden von Wachleuten streng bewacht. Das kostet natürlich, weshalb man auch am Fuß des Bergensembles gleich zweihundert Yuan Eintritt verlangte. Das ist etwa ein Drittel des Monatslohns einer Kellnerin in Peking.

Weil die Natur so furchteinflößend ist, sind die Chinesen darauf bedacht, dass sie nicht zu natürlich aussieht. Ein großer Flughafenterminal, mitten in ein Tal geflanscht, hilft sehr, den brutalen Natureindruck zu korrigieren. Hier werden die Touristenmassen abgefertigt. Der Glaskasten ist Teil eines großen Plans, den ungeschliffenen Bergen Manieren beizubringen. «Carry out the Scientific Approach of Development in the Campaign of Building National Civilized Scenic Area» hat die Civilization Work Commission of Mount Huangshan an das Eingangstor zum Gebirge geschrieben. Zum Zivilisierungsplan gehört auch die Beschriftung jedes Felsens mit Sinnsprüchen in roten und blauen Schriftzeichen. Nackte und ungewaschene Felsen, erklärte mir meine Dolmetscherin, fänden Chinesen ungehörig.

Nur vor einer Sache haben die Chinesen offenbar noch mehr Angst als vor der Natur selber: alleine in ihr rumzulaufen. Darum wurden die Berge gründlich vertreppt und verseilbahnt. So kann selbst der untrainierteste Mensch jeden noch so hohen Berg erklimmen. Und tatsächlich: Ob Greis oder Kind, Fettsack oder Magersüchtiger, ob gehbehindert oder vom Schlagfluss schwer gezeichnet, ob in Stöckelschuhen oder Slippern, alles stürmte den Gipfel. Nur Kellnerinnen sahen wir selten.

Die Menschenmassen machten deutlich, dass also auch die Chinesen dem Ruf der Berge folgen müssen, auch wenn er ihnen offenbar nicht besonders gut gefällt. Viel lieber hören sie sich selbst, weshalb man beim Klettern so viel Krach erzeugt, wie man nur kann. Umsonst mahnen die Schilder der Huangshaner Zivilisierungsbehörde: «Please listen respectfully to the birds in the forest without disturbance.» Wieso den Vögeln zuhören, dachten sich Herr Li und Frau Wang und spielten dem ungehobelten Federvieh lieber aus dem Transistorradio die neuesten Wirtschaftswachstumsmeldungen vor, sich dabei noch das eine oder andere zuschreiend.

Und auch dieser Hinweis, selbst wenn ihn die Reiseführer den Leuten per Megaphon in die abgehärteten Ohren hämmerten, scherte die Gipfelstürmer wenig: «A relaxed and happy feeling comes from the harmonious coexistence between human and nature.» Harmonische Koexistenz? Ist an so was nicht die Sowjetunion zugrunde gegangen? Chinesische Menschen fühlen sich auf einem Berg erst glücklich, wenn sie ein Vorhängeschloss an die Absperrketten der Wanderwege schließen können, auf das zuvor der eigene Name eingraviert wurde. Warum? Vielleicht einfach nur, damit die Graviermaschine, die gleich neben der Schlucht steht, ordentlich gegen das Panorama ankreischen kann, das blödsinnige.

Der Höhepunkt eines jeden Huangshan-Ausflugs ist jedoch der Sonnenaufgang. Um dieses seltene Naturschauspiel zu erleben, versammeln sich jeden Morgen in aller Buddhasfrühe ein paar tausend Menschen auf einer Terrasse neben dem Wetterobservatorium auf dem Bright Summit Peak. Wir versammelten uns mit, doch die Sonne ließ sich an diesem Tag nicht blicken. Sie versteckte sich vor den lärmenden Massen hinter dichten Wolken. Der Menge war das piepe. Aufgeregt plappernd starrte sie in die weiße Wolkensuppe. Die Hauptsache war, man drängte sich hier oben aneinander wie zu Stoßzeiten in der Pekinger U-Bahn. Noch besser gefiel es den Bergsteigern nur auf dem Lotus Flower Peak, dem mit 1873 Meter höchsten Gipfel in der Gegend – denn da war es noch ein Ideechen voller. Die meisten harrten extra lange aus, um sich noch etwas an ihren Mitmenschen zu reiben oder kurz zu telefonieren: «Ja, kaufen. Bergaktien. Sofort!»

Dann lief alles im Eiltempo die Treppen wieder runter. Auf halbem Weg wurde in die Seilbahn umgestiegen, weil man so schneller wieder aus der Natur kommt. Wir ließen es langsamer angehen und stiegen die fünfzehn Kilometer langen Treppen ganz hinab. So hatte ich endlich Ruhe, um noch einmal darüber nachzudenken, weshalb sich die Chinesen eigentlich auf die Reise machen? Hm, wahrscheinlich glauben sie einfach nur, dass es wichtig ist, die Drecksnatur hin und wieder mit massenhafter Präsenz richtig einzuschüchtern. Sonst kommt sie eines Tages doch noch in die Stadt und macht den Menschen hier den Krawall und das Gedränge streitig.

12 Der dreißigtägige Krieg

Eigentlich geht es in China recht friedlich zu. Sehr viel friedlicher jedenfalls als in etlichen anderen Teilen der Welt (Kabul, Mogadischu, Oktoberfest). Doch einmal im Jahr ändert sich das friedfertige Verhalten der Chinesen. Dann führen diese lammfrommen Menschen plötzlich Krieg gegen alles und jeden. Die bewaffneten Auseinandersetzungen finden immer am Anfang des Jahres statt, im Januar oder Februar. Wann genau, das richtet sich nach dem Mondkalender. Die Auseinandersetzungen haben auch einen Namen. Die Chinesen sagen Chunjie, Frühlingsfest. Aber das ist ein Euphemismus, wie so viele ihrer blumigen Ausdrücke. Auch der im Ausland verwendete Begriff «chinesische Neujahrsfeiern» trifft es nicht. Es muss Krieg heißen. Erbarmungsloser, mörderischer Krieg, mit Raketenbeschuss, Handgranaten und permanentem Maschinengewehrfeuer.

Aber bleiben wir noch kurz bei der offiziellen Version. Danach dauert das Frühlingsfest fünfzehn Tage. Davon haben die Leute sieben Tage frei. Eigentlich sollen sie in dieser Zeit ihre Verwandten besuchen, mit der Familie feiern und komplizierte Gerichte essen. Am «Silvesterabend» zum Beispiel wird Fisch gegessen, denn das Wort yu für «Fisch» klingt fast genauso wie das nur leicht anders betonte Wort yu für «Überschuss». Damit es aber auch wirklich ein Jahr in Saus und Braus wird, darf der Überschussfisch auf keinen Fall ganz aufgegessen werden. Man hat sich auch an allerlei andere lustige Regeln zu halten: Am ersten Tag des neuen Jahres dürfen Wörter wie «zerbrechen», «sterben», «arm» nicht ausgesprochen werden, ja nicht einmal «vergangen» oder «vorbei». Es sollen während des Frühlingsfests auch keine Hosen oder Bücher gekauft werden, und man darf sich nicht die Haare schneiden lassen. Alle diese Tätigkeiten bringen Unglück, ebenfalls aus Gründen der Homonymität.

Nun mag man diese ganzen Bräuche früher mal gepflegt haben. Heutzutage dürfte das kaum noch der Fall sein, weil man wegen der Bombenexplosionen und Schießereien auf den Straßen die Familie gar nicht mehr erreicht. Jeder, der einen Durchbruch wagt, wird von entschlossenen Barrikadenkämpfern beschossen. Die Frühjahrsoffensive dauert auch nicht mehr zwei Wochen, denn schließlich haben die Pekinger von Jahr zu Jahr mehr Geld für Munition. Dreißig Tage braucht es mindestens, um alles zu verballern. Dazwischen ist kaum Zeit für irgendwelchen anderen Neujahrsquatsch. Man kauft sich höchstens mal schnell keine Hose.

Besonders schlimm waren die Neujahrsfeierlichkeiten 2006, zum Start des Jahrs des Hundes. Die Regierung hatte zum ersten Mal seit zwölf Jahren den Gebrauch von «Feuerwerk» in Peking erlaubt. Wahrscheinlich glaubte man, so der Überbevölkerung Herr zu werden. Schon Mitte Januar begannen die Gefechte. In der Silvesternacht steigerten sie sich zum Inferno. Ich hatte mich zum Glockenturm vorgekämpft, einem dicken, von den

Mongolen im 13. Jahrhundert gebauten Trumm. Von dort oben sah ich dann die Stadt in Flammen. Alle Kriegsbilder, die ich kannte, waren dagegen Kindergeburtstagsilluminationen.

Der Weg nach Hause war ein Spießrutenlauf. Ich rannte im Zickzack, nahm hinter Autos Deckung. Mehrmals konnte ich erst im letzten Moment einer Explosion ausweichen. Ich war froh, als ich meine Wohnung erreicht hatte, wo ich mich in Sicherheit wähnte. «Morgen früh», so dachte ich, «ist schließlich alles vorbei.» Doch das war ein Trugschluss. Wochenlang wurde weitergekämpft, vor allem in den Nächten. Im Hof unseres Hochhausblocks lag eine Gruppe Partisanen, die im Minutentakt so etwas wie Handgranaten zündete. Bisweilen feuerte auch die Flak, obwohl kein Flugzeug am Himmel zu sehen war. Wenn ich im zwanzigsten Stock in den Wintergarten trat, stand ich inmitten der Explosionen.

Besonders erschüttert war ich darüber, wie sich meine bisher so freundlichen Nachbarn in null Komma nichts in durchgeknallte Amokläufer verwandelt hatten. Die Chinesen sagen, sie müssten so viel ballern, um den Nian zu vertreiben. Das ist eine menschenfressende Bestie, die jedes Jahr zu Neujahr kommt. Ich habe meinen Nachbarn erklärt, dass ich, wiewohl ich aus Deutschland bin, in meinem Leben noch niemals Menschenfleisch gekostet habe, noch nicht einmal das kleinste Zehchen. Es nutzte nichts, sie zielten trotzdem weiter auf mich, sobald ich mich blicken ließ.

Erstaunlicherweise waren nach diesem ersten Kriegsfrühlingsfest nicht allzu viele Schäden zu verzeichnen. Anders zu Beginn des «Jahrs des Ochsen» (Februar 2009). Da schossen Feuerwerker versehentlich das im Bau befindliche, vierundvierzig Stockwerke hohe Kulturzentrum des zentralen chinesischen

Fernsehens (CCTV) in Brand, in dem auch ein großes Hotel untergebracht werden sollte. Für Stunden loderte eine gigantische Feuersäule im Zentrum Pekings; sieben Feuerwehrleute wurden bei den Löscharbeiten verletzt und einer kam ums Leben.

Später stellte sich heraus, dass die Polizei mehrmals vor Feuerwerk auf der Baustelle gewarnt hatte. Die Programmgewaltigen des Fernsehsenders jedoch schlugen diese Warnungen in den Wind. Beim Abbrennen wurde sogar extra hochexplosives Feuerwerk verwendet, das man sich illegal außerhalb Pekings besorgt hatte, um es ganz besonders prächtig knallen zu lassen. Das auf jeden Fall ist gelungen; die Schäden an dem ausgebrannten Bauwerk konnten noch bis in den Sommer 2010 hinein besichtigt werden. So bin ich heilfroh, dass meine Trommelfelle und ich die letzten Frühlingsfeste in Peking heil überstanden haben. Das liegt wohl auch daran, dass ich zu Neujahr nach Einbruch der Dunkelheit die Hauptkampfzonen in der Innenstadt meide. Jedes Jahr aufs Neue aber denke ich, dass China vielleicht doch eine kleine Wirtschaftskrise guttäte. Am besten in den ersten dreißig Tagen jeden Jahres.

Die chinesischen Mondkalenderjahre heißen nach den chinesischen Tierkreiszeichen. Das sind in dieser Reihenfolge: Ratte, Ochse, Tiger, Kaninchen, Drache, Schlange, Pferd, Ziege, Affe, Hahn, Hund und Schwein. Ist dieser Zyklus einmal durchlaufen, beginnt er von vorne. Chinesische Mondkalenderjahre eignen sich hervorragend zum Betiteln von Filmen wie «Im Jahr des Drachen» (Michael Cimino) oder «In the Year of the Pig» (Emile de Antonio), von Hip-Hop-CDs wie «Year of the Dog ... Again» (DMX) und Rock-Platten wie «Year of the Horse» (Neil Young and Crazy Horse). Am besten eignen sie sich aber für Zeitungskolumnen wie «Im Jahr des Tigers» (der Autor dieses Buches in der taz).

13 Im Spaßreservat

Von Zeit zu Zeit fliege ich von Peking nach Hongkong. Dieses kleine Stückchen China, das unter Spezialverwaltung steht, ist eine Art Spaßreservat, das in vielen Bereichen ganz anders funktioniert als der Rest des Landes. So frönen die Hongkonger auf ihrem winzigen Territorium beispielsweise einer total durchgeknallten Regierungsform: der sogenannten Demokratie. Das heißt übersetzt Volksherrschaft, aber so etwas darf man in Spaßchina natürlich nicht wörtlich nehmen. Die sechzig Abgeordneten im Hongkonger Parlament, dem Legislative Council oder kurz: Legco, werden nur zur Hälfte vom Volk direkt gewählt. Der Rest der Abgeordneten wird von unterschiedlichen Interessenverbänden ins Parlament entsandt. Damit stehen die Mehrheitsverhältnisse eigentlich schon vor jeder Wahl fest und haben sich tatsächlich seit der Rückkehr Hongkongs zu China im Jahr 1997 noch nie geändert.

So ist die Bezeichnung «Demokratie» für die politischen Verhältnisse dort schon ein erster kleiner Spaß. Den hatten allerdings bereits die englischen Demokratieerfinder gemacht. Denn auch als Hongkong noch britische Kolonie war, gab's hier kein allgemeines Wahlrecht. Der Gouverneur von Hongkong wurde vom König oder der Königin eingesetzt, und damit hatte es sich. Auf den letzten Drücker wurden 1991 erstmals allgemeine Wahlen zur gesetzgebenden Versammlung abgehalten, die allerdings auf die Ernennung des Gouverneurs keinen Einfluss hatten. Heute wird der Chief Executive Hongkongs von einem achthundert Leute umfassenden Wahlmännergremium gewählt. Das ist zumindest rund achthundertmal demokratischer als eine Ernennung durch die Queen.

Obwohl ihre Parlamentarier also nicht so wahnsinnig viel zu sagen haben, beteiligen sich die Hongkonger alle vier Jahre mit Begeisterung an den Wahlen. Es scheint darum zu gehen, möglichst viele Spaßpolitiker ins Parlament zu entsenden. Bei der letzten Wahl gelang das besonders gut. Zunächst einmal wurde der Abgeordnete Leung Kwok-hung bestätigt, den man in Hongkong besser unter seinem Spitznamen «Long Hair» kennt. Dieser Mann, der zufällig so alt ist wie ich, trägt nämlich immer noch die Matte seiner frühen Jahre, dazu jeden Tag ein anderes Che-Guevara-T-Shirt aus seiner vermutlich weltweit größten Sammlung von Che-Guevara-T-Shirts. Long Hair ist dafür bekannt, dass er die Faust ballt, sobald ein Fotograf auftaucht, im Parlament gerne dazwischenruft oder sonst wie stört. Vor vielen Jahren war er einmal Mitglied der trotzkistischen Revolutionären Marxistischen Allianz. Bis heute ist er ein scharfer Gegner der Regierung in Peking und muss deshalb von Zeit zu Zeit öffentlich eine chinesische Fahne verbrennen. Noch lustiger als dieser Politiker ist der Name der Partei, der er heute angehört: Liga der Sozialdemokraten. Vorsitzender ist hier ein Mann, gegen den selbst Rudolf Scharping oder Kurt Beck wie weitsichtige Strategen wirken. Wong Yuk-man, genannt «Mad Dog», ist Rindernudelsuppen-Restaurantbesitzer, radikaler Christ und – wenn er nicht gerade Mikrophonverbot hat – Radiomoderator. 1996 versuchte er sich auch als Verleger und gab die Tageszeitung Mad Dog Daily heraus. Kurze Zeit später war die pleite und der verrückte Hund tief verschuldet. Ob es seine Schuldner waren, die ihn mehrmals verprügeln ließen, oder doch eher die Triaden, zu denen ihm andererseits wieder gute Verbindungen nachgesagt werden, ist bis heute nicht geklärt. Auch Wong Yuk-man wurde im September 2008 ins Parlament gewählt. Das ist insofern erstaunlich, als ja in der ganzen Welt die sozialdemokratischen Spaßvögel auf dem absteigenden Ast sind. Für die Spaßexklave Hongkong gilt diese Gesetzmäßigkeit offenbar nicht.

Wong Yuk-man nutzte auch sogleich seinen Sitz im Legislative Council, um ordentlich Klamauk zu machen. Bei der jährlichen Regierungsansprache des Hongkonger Regierungschefs, Chief Executive Donald Tsang, feuerte Mad Dog ein ganzes Bündel Bananen Richtung Rednerpult. Diese Munition hatte ihm Long Hair geliefert. Richtig lustig soll das politische Leben in Hongkong aber erst 2020 werden. Dann wird, so hat es unser Nationaler Volkskongress in Peking beschlossen, das Hongkonger Parlament direkt gewählt. Wahrscheinlich wird es nach den Wahlen vor verrückten Hunden aus allen Nähten platzen.

Long Hair und Mad Dog sind auch auf der Straße anzutreffen, mindestens einmal die Woche. Dort halten sie feurige Reden, zünden Reifen an oder treiben sonstigen Schabernack. Dabei werden sie immer wieder von großen Teilen der Hongkonger Bevölkerung unterstützt, denn die Hongkonger sind leidenschaftliche Demonstrierer. Jeden Tag finden in Spaßchina Demonstrationen statt, und in der Innenstadt nicht auf irgendwelche Protestierer zu treffen, ist nahezu unmöglich. Zum Beispiel gingen im Dezember 2008 die Bewohner von Discovery Bay auf der zu Hongkong gehörenden Insel Lantau gegen die Erhöhung der Fährfahrpreise auf die Straße. Gleichzeitig blockierten Taxifahrer aus Protest gegen eine ungerechte Taxitarifregelung mit ihren Autos stundenlang die Autobahn zum Flughafen, während sich auf Initiative der Alliance of the Lehman Brothers Victims mehr als tausend Kleinanleger vor verschiedenen Hongkonger Banken versammelten, um sich über den Verlust ihres Geldes zu beklagen. Täglich demonstrieren Anhänger der Falun-Gong-Sekte in der Stadt, weil sie das nur hier dürfen. Am 13. Dezember 2008 hielt dann die schwullesbische Gemeinschaft ihre erste Gay Pride Parade in Hongkong ab. Wieso bisher immer noch kein Karneval und keine Love Parade durch die Stadt getobt sind, ist unverständlich, aber das kommt sicher in den nächsten Jahren noch.

Apropos Love Parade: Zur Unterhaltung in Spaßchina tragen sicher Hongkongs Schauspieler und Schauspielerinnen viel bei oder, konkreter, das Liebesleben dieses Personenkreises und die sonstigen Skandale. Dabei handelt es sich bei den meisten dieser Schauspielerinnen und Schauspieler gar nicht um echte Schauspieler, sondern um Schauspieler, die auch als Sängerinnen oder Sänger auftreten, aber weder schauspielern noch singen können. Doch das verlangt der Hongkonger auch gar nicht. Er ist schon zufrieden, wenn sich seine «Schauspieler» ordentlich danebenbenehmen, und das am besten ohne Unterbrechung. Den Gefallen tun ihm die Sänger-Schauspieler gerne. Und so liest man jeden Tag in der Zeitung, dass sich ein Schauspieler betrunken und die Ehe gebrochen hat, während ein anderer in der Disco kotzte und dann eine blutjunge Studentin küsste, worauf seine Frau drei Stunden später die Trennung bekannt gab, um mit dem erstgenannten Ehebrecher-Schauspieler zusammenzuziehen. Zugegeben: So etwas passiert auch im Rest der Welt, doch da sind die Skandalumwitterten auch echte Stars, die wirklich berühmt sind. In Hongkong handelt es sich jedoch um Menschen, die außerhalb des Spezialterritoriums (und manchmal auch Chinas) jederzeit auf die Straße gehen können, ohne dass ein einziger Mensch sie erkennt.

Edison Chen ist zum Beispiel ein solcher Hongkonger Prominenter, der zwar auf Bühne und Leinwand bisher eher dilettierte, dafür aber praktisch das ganze Jahr 2008 hindurch mit einem Skandal begeisterte, der als «Sex-Photo-Gate» in die Stadtgeschichte eingegangen ist. Dieser Superskandal begann im Januar 2008, als plötzlich im Internet Hunderte von Fotos auftauchten, die Chen und eine ganze Reihe verschiedener Frauen mal nur nackt, mal höchst explizit beim Sex zeigten. Zur großen Freude der Hongkonger waren das aber nicht irgendwelche Frauen, sondern Cecilia, Bobo, Rachel, Gillian und Vincy, allesamt Angehörige der Crème de la Crème des Hongkonger VIP-Adels.

In den folgenden Monaten tat Edison Chen sein Bestes, um den Skandal am Kochen zu halten. Zunächst einmal leugnete er steif und fest, auf den Bildern abgebildet zu sein, obwohl es darüber keinen Zweifel geben konnte. Aber Chen blieb dabei, dass es sich um Computermanipulationen handele. Als schließlich herauskam, dass er sein Laptop (pinkfarben!) zur Reparatur gegeben hatte, obwohl darauf Tausende der expliziten Fotos gespeichert waren, gab er eine Pressekonferenz, auf der er nicht nur zugab, der nackte Mann zu sein, sondern auch die Fotos selbst gemacht zu haben. Zugleich versprach er theatralisch, sich zur Strafe für diese Verfehlung für alle Zeiten aus dem Hongkonger Showbusiness zurückzuziehen. Das ist nun vollkommen unverständlich, denn die Hongkonger amüsierten sich wohl während der «Sex-Photo-Gate»-Monate so prächtig wie noch nie, zumindest seit den Feierlichkeiten anlässlich der Rückgabe des Territoriums an China.

Es gibt natürlich auch noch viele andere Späße, denen sich die Hongkonger in ihrem kleinen Reservat hingeben: Golf und

Tennis spielen, Fahrstühle fünfmal am Tag durchdesinfizieren, die Bürgersteige bohnern, Minibusse abfackeln und mit Säure gefüllte Plastikflaschen von Hochhausdächern auf Passanten schmeißen (Triaden!), Ketamin nehmen (Schüler), ellenlange Leserbriefe an die Zeitungen schreiben, auf Pferde wetten, uralt werden (Hongkong hat eine der höchsten Lebenserwartungen in der Welt), einkaufen gehen und ununterbrochen essen. Doch die Hauptamüsements sind zweifellos Rumdemokratisieren, Demonstrieren und Sich-nackig-Machen.

Das ist mir auf Dauer dann doch ein bisschen zu eintönig. Demonstriert habe ich schon als Jugendlicher mehr als genug. Ich trug sogar «Long Hair»-mäßige Haare. Und um mich in der Öffentlichkeit auszuziehen, ist mein Körper schon ein bisschen zu verwittert. Also halte ich mich in der Regel nur so lange in Hongkong auf, bis ich vom ganzen Spaß genug habe, und fliege dann auf schnellstem Wege zurück ins echte China. Wenn ich allerdings nur etwas jünger wäre, so würde ich wahrscheinlich doch meinen chinesischen Dauerwohnsitz in Hongkong nehmen und hier Schauspieler-Politiker oder so was werden. Da ich inzwischen weiß, wie der Laden funktioniert, wäre ich sicher bald ein gemachter Mann.

III Mittelstufe

14 Alles Fotzen außer Peking

Wer aus den uninteressanteren Gefilden dieser Welt nach Peking kommt, um hier zu wohnen, dem kann es so wie mir passieren, dass er von dem hiesigen Menschenschlag zunächst nicht sehr begeistert ist. Wer hier aber nur ein bisschen länger lebt, sagen wir für ein paar Monate, der wird wahrscheinlich eines Morgens aufwachen, aus dem Fenster sehen und plötzlich wissen: Ich liebe diese Stadt. So war es jedenfalls bei mir. Es muss aber auch anderen so gegangen sein. Sonst hätte mir dieser Stimmungswechsel wohl kaum von einer alten Pekinghäsin prophezeit werden können. Man wird mit der Zeit zum Pekinger. Und als Pekinger sieht man die Welt einfach mit anderen Augen an.

Die Pekingerinnen beispielsweise. Ich liebe sie, nicht bloß, weil sie in diesen bunten, ordinären Sachen herumlaufen, die im Sommer die Brüste kaum verdecken, und nackt auf die Straße gingen, wenn das nicht doch zu verboten wäre. Ich bin mit der Zeit auch ein großer Fan des Zickentheaters geworden, das sie abends auf den Straßen aufführen: Da bleiben sie einfach stehen, machen schnell mal mit ihrem Mann Schluss, laufen schnuteziehend weg, kommen nach drei Minuten wieder, schlagen dem Mann richtig gemein auf den Oberarm und sagen: «Du bist schuld an allem.» Dann haken sie sich wieder bei ihm ein, als sei nichts gewesen. Ein schönes Schauspiel, vor allem, wenn die Frau sich zwischendurch vor Wut den Mantel vom Leib reißt und darunter nichts trägt als rote, mit japanischen Comicfiguren bedruckte Unterwäsche.

Aber auch die solcherart gezwiebelten Männer liebe ich. Mir würde etwas fehlen, wäre plötzlich keiner mehr da, der spucken, sich in der Sonne räkeln, den nackten Bauch streicheln und Maulaffen feilhalten würde. Sie lassen sich aber auch immerzu etwas Neues einfallen. In meinem Wohnblock fährt neuerdings einer mit dem Fahrstuhl rauf und runter, weil so das Rauchen viel mehr Spaß macht. Andere radeln mit Vogelkäfigen durch die Stadt. Später halten sie an einem schönen Platz, hängen die Käfige in einen Baum, setzen sich darunter und trinken mit anderen Vogelbesitzern Bier, während ihre Vögel vergnügt dazu zwitschern. Es gibt auch welche, die haben die Vögel so abgerichtet, dass sie sie frei herumfliegen lassen können. Auf Zuruf fliegen die Vögel auf den Arm des Besitzers oder sogar freiwillig in ihren Käfig zurück.

Dann sind da noch die Alten und die kleinen Kinder. Die Alten malen mit enormen Kingkong-Pinseln und etwas Wasser Schriftzeichen auf die Pekinger Plätze und diskutieren danach so lange die Frage, wer denn jetzt besser gemalt habe, bis das Wasser längst wieder als Wolke am Himmel hängt. Andere lassen in den Parks an kilometerlangen Schnüren Drachen steigen, stundenlang. Die Kinder, egal ob Junge oder Mädchen, hocken sich einfach vor einen hin und pissen auf die Straße. Dabei gucken sie einem fest in die Augen und grinsen lustig. Und jeder hier singt, wenn ihm gerade danach ist, ganz laut und stört sich nicht an der Langnase, die denkt: «Hat der se noch alle?» Geht die Sonne unter, wird getanzt, zur Musik aus Ghettoblastern oder zum Takt großer Trommeln. Und ob man's kann oder nicht, ist dabei so egal wie ein Sack

Kartoffeln, der irgendwo in den unterbevölkerten Ländern der Barbaren umfällt. Um die Tanzenden herum stehen die Maulaffen und quatschen jeden an. Auch mich labern sie voll, obwohl ich nichts verstehe, und geben mir so das Gefühl, dazuzugehören – selbst wenn ich in ihren Augen ein dummer kleiner Analphabet bin, ein Clown, mit Fell auf den Armen und einer bizarren Nase.

Ich liebe die Pekinger, weil sie keine bodybewussten Szenegänger sind, die in ihren Clubs bloß über Gadgets oder Autos reden. Sicher, auch solche Leute gibt es in der Stadt, und sie werden immer mehr, nicht zuletzt auch, weil die Behörden die Pekinger dazu bringen wollen, nicht mehr zu spucken, sich an der Bushaltestelle ordentlich anzustellen und auf der Straße keine Schlafanzüge mehr zu tragen, weil das angeblich «visuelle Umweltverschmutzung» ist. Doch noch steht die Front, die sich dagegen verbissen wehrt. Die Speerspitze kämpft beim Fußballspiel im Worker's Stadium. Ich mache mir nichts aus Fußball, aber ich habe mir berichten lassen, wenn der Stadionsprecher zivilisiertes Benehmen anmahnt, schallt ihm sogleich ein zehntausendfaches «Shabi! Shabi! Shabi!» entgegen. «Blöde Fotze» heißt das. Shabi schreit man übrigens auch, wenn sich die gegnerische Mannschaft im Besitz des Balls befindet. Schießt aber Peking ein Tor, muss «Niubi!» gebrüllt werden. Das bedeutet so viel wie cool, geil oder super. Präzise übersetzt müsste es «Kuhfotze» heißen. «Niubi» kann in Peking alles Mögliche sein: ein Handy, eine Disco, mit Comicfiguren bedruckte, rote Unterwäsche. Wer ein richtiger Pekinger ist, gebraucht «Niubi» und «Shabi» mindestens zweihundertmal am Tag. Darin unterscheidet er sich von seinem Erzfeind, dem Shanghaier. Für den, so erzählt man sich, zerfalle die Menschheit in vier Gruppen: in

Shanghaier, sonstige Chinesen, weiße und schwarze Ausländer, wobei der Shanghaier selbst natürlich an der Spitze der Wertepyramide steht und der schwarze Ausländer ganz unten. «Die Shanghaier sind rassistisch», sagte mir neulich ein Alteingesessener beim Bier, »wir Pekinger nicht. Für uns gibt es nur zwei Sorten Menschen: Shabi und Niubi», und es versteht sich von selbst: «Die coolen Kuhfotzen sind wir.»

Natürlich will das Büro für Spiritual Civilization Development and Guidance diese Ausdrücke ausmerzen, zudem noch eine Reihe anderer ausgesucht schöner Flüche, darunter den Nationalfluch Nummer eins, der gedruckt nur als TMD abgekürzt erscheinen darf. Das steht für «Ta ma de», was sich auch schon wieder auf die weibliche Unterleibsregion bezieht, dieses Mal die von Müttern. Doch wette ich, dass alle Zivilisierungsbemühungen nichts fruchten, solange weiter Ausländer in die Stadt strömen, die die Front der widerständigen Pekinger verstärken, indem sie als Allererstes und mit großem Eifer ebendiese Schimpfwörter lernen. Auch ich werde selbstverständlich alles tun, um zu verhindern, dass uraltes und kulturhistorisch wertvolles Sprachgut nicht unter die Räder kommt. Darauf mein Kuhfotzenehrenwort!

15 Huntingtons Stadtplan

Im letzten Kapitel war zu lesen, die Shanghaier seien in ethnischen Fragen nicht ganz vorurteilsfrei. Das war zwar gar nicht meine Meinung, sondern die meines chinesischen Bekannten, trotzdem erhob sich sofort ein Riesengeschrei, als dieser

Text das erste Mal veröffentlicht wurde. Die Shanghaier – das heißt, hauptsächlich Ausländer, die in Shanghai wohnen, aber das sind inzwischen auch schon über sechzigtausend – beschimpften mich per E-Mail als zurückgebliebenen Bewohner eines grauen Wüstendorfes, großmäulig, arrogant und zu faul zum Arbeiten.

Dazu muss man wissen: Zwischen Shanghai und Peking herrscht eine ähnliche Fehde wie zwischen New York und Washington, Bombay und Delhi, München und Berlin oder Bielefeld und Gütersloh. Nur ist die Abscheu voreinander größer. Vollkommen zu Recht: Die Shanghaier sind nämlich elende Protzer, die nichts unversucht lassen, um uns Pekinger zu übertreffen. So haben sie mit 19,21 Millionen Einwohnern (2009) die größere Stadt gebaut, nur um Peking (17,55 Millionen) mickriger wirken zu lassen. In ihre Stadt haben sie das Shanghai World Financial Centre gestellt. Das musste natürlich gleich der höchste Wolkenkratzer Chinas sein und das dritthöchste Hochhaus der Welt. Obwohl der Turm aussieht wie ein vierhundertzweiundneunzig Meter hoher Flaschenöffner, sind die Shanghaier mächtig stolz darauf. Unseren schicken, aber nur zweihundertvierunddreißig Meter hohen CCTV-Tower (von Rem Kohlhaas! Von Rem Kohlhaas! Von Rem Kohlhaas!) beleidigen sie dagegen als da kucha, große Unterhose. Außerdem geben diese Angeber mehr Geld in Restaurants aus (45,22 Milliarden Yuan im Jahr 2006) als unsereiner (36,24 Milliarden). Und dann wohnt bei ihnen noch mit Wei Hui – das ist die Autorin von «Shanghai Baby» und «Marrying Buddha» – die wahrscheinlich einfältigste und eitelste Schriftstellerin Chinas, eventuell aber auch der ganzen Welt.

Die fünf dümmsten Sätze aus Wei Huis Roman «Marrying Buddha»:
«In dieser Superküche war ich eine Superfrucht.»
«Der riesige Kühlschrank sprang ins Auge.»
«Neunundzwanzig ist wirklich ein scheußliches Alter. Du weißt nicht, ob du immer noch ein Mädchen bist oder schon eine Frau.»
«Wir hatten eine ungewöhnliche Diskussion über die religiösen Ansichten von Dostojewskij und Hermann Hesse.»
«Ich habe gehört, dass neunzig Prozent aller Dichter natürlich begabt zum Geldverdienen sind; sie haben bloß keine Lust, es auszuprobieren.»

Dabei sind die Shanghaier natürlich nur eifersüchtig auf unsere prächtige Hauptstadt. Deshalb versuchen sie uns zu kopieren, wo immer es nur geht. Weil wir 2008 in Peking phantastische Olympische Spiele abgehalten haben, mussten die Shanghaier mit einer Weltausstellung nachziehen. Die stand von Mai bis Oktober 2010 unter dem Motto «Better City, Better Life». Gemeint war natürlich: besser als Peking. Selbstverständlich wird in Shanghai auch das erste Disneyland Festlandchinas gebaut, das 2015 seine Tore öffnen soll. Okay, das ist dieser Micky-Maus-Stadt schon angemessener.

Diese ganzen Fakten und Zahlen sprechen sicher schon für sich, das heißt gegen die Shanghaier. Aber es gibt Sachen, die man aufgrund von bloßem Datenmaterial nicht wissen kann. Beispielsweise halten die Pekinger speziell die Shanghaier Männer für Weicheier, die weibisch daherparlieren und nach der Arbeit ihrer Frau was kochen, statt mit den Kumpels Bier zu trinken. Obendrein seien sämtliche Shanghaier derart kleinkariert, dass man in ihrer komischen Stadt Obst und Gemüse sogar grammweise erwerben könne (in Peking kauft man nur per Pfund); auch seien sie enorm geschäftstüchtig und geizig. «Für einen Liter Milch», erzählte mir meine Chinesischlehrerin, «fahren sie durch die ganze Stadt, um die Preise in den Supermärkten zu vergleichen.» Was andererseits die Shanghaier über uns Pekinger so denken, entspricht ungefähr den an mich gerichteten Beschimpfungen. Außerdem behaupten die Shanghaier, die schöneren Frauen zu haben. Mag sein, antworten die Pekinger. Dafür sind diese hochmütig, frigide und trauen sich, anders als die Pekingerinnen, nicht, auf der Straße Männer anzusprechen.

Weil ich aber nur das glaube, wovon ich mir selbst ein falsches Bild gemacht habe, fuhr ich neulich in die Stadt des Feindes. Als Erstes traf ich dort einen alten Freund. Der ist zwar kein geborener Shanghaier, noch nicht einmal Chinese. Er musste aber wissen, was an den beiden Städten dran ist, hatte er doch sowohl hier als auch dort gelebt. «Mensch, Ypsilon», rief er, als er mich sah, «du lebst noch? Ich bin so froh, dass ich es heil zurück in die Zivilisation geschafft habe.» Dann erzählte er mir, wie er aus dem schönen Peking nach nur ein paar Monaten Hals über Kopf wieder geflohen war. Zunächst hatte ihn sein Arbeitgeber um den ganzen Lohn betrogen, und am Ende hatte man ihn komplett ausgeraubt, nachts im Schlaf, in der eigenen Wohnung. Zugegeben, das passiert von Zeit zu Zeit in Peking. Ich fand es aber lächerlich, wegen solcher Lappalien gleich so überzureagieren. Ein typisches Shanghaier Weichei-Benehmen war das.

Auf den Straßen sah ich erstaunlich wenige Leute, zumindest im Vergleich zur Hauptstadt. Wahrscheinlich waren alle gerade in den Supermärkten, um die Milchpreise zu notieren. Als ich in einem wirklich gerammelt vollen Laden ein Hundert-

Gramm-Schälchen Erdbeeren bezahlte, war dies nicht nur beinahe europäisch teuer, ich bekam als Wechselgeld auch einen Haufen Münzen. In Peking bezahlen wir nur mit Scheinen, und selbst im Supermarkt werden die Fen-Beträge auf- oder abgerundet. Geldgierig, kleinkariert und geizig stimmte also auch. Und die Frauen? Sie sahen tatsächlich besser aus als die Pekingerinnen, die eher etwas, ähem, kräftiger gebaut sind. Doch kam, wie prophezeit, keine auf mich zu und bot mir so was wie Sex an («Do you speak English?»), sieht man von etlichen Mädchen ab, die um das Shanghai-Museum und auf der Nanjing Lu flanierten. Das aber konnten keine Shanghaierinnen sein, denn dafür waren sie nicht hochmütig genug.

Nach zwei Tagen in der zudem noch viel zu sauberen und aufgeräumten Hafenstadt waren schließlich alle Vorurteile, die ich aus Peking mitgebracht hatte, bestätigt. Nur, ob die Shanghaier wirklich Rassisten sind, konnte ich nicht herausbekommen. Ihre Abneigung sollte sich ja – jetzt mal von Pekingern abgesehen – eher gegen dunkelhäutigere Menschen richten. Doch dann fiel mir nebenstehender Stadtplan in die Hände, herausgegeben von der offiziellen Shanghaier Tourismusbehörde.

Auf dem Umschlag ist ein Trio nahöstlicher Provenienz abgebildet, das offensichtlich gerade im Begriff steht, die Glitzermetropole mittels einer detaillierten Karte auszukundschaften. Während sich aber der linke und der mittlere Herr noch nicht schlüssig zu sein scheinen, welches Gebäude denn für die nächste Tour in Frage kommt, ist dem Herrn ganz rechts beim Blick über den Huangpu-Fluss bereits eine Idee gekommen: Da steht nämlich der Oriental Pearl Tower, mit vier-

Mein liebster Stadtplan: Wo stehen hier die Hochhäuser?

hundertachtundsechzig Metern der dritthöchste Fernsehturm der Welt. Gleich dahinter erheben sich dann inmitten vieler anderer prächtiger Bürotürme der Mega-Flaschenöffner und der Jin-Mao-Wolkenkratzer, auch dieser hundertzweiundsechzig Meter höher als das höchste deutsche Hochhaus.

Das sind nun bekanntlich alles Ziele, die Menschen aus dem Nahen und Mittleren Osten wie magisch anziehen, weil sie sie leidenschaftlich gerne umdekorieren, vorzugsweise im Stil der afghanischen Postpostmoderne.

Dieser Stadtplan zwingt mich nun, hier in aller Form zu widerrufen, denn wer drei mutmaßlichen Culture-Clash-Designern so zuvorkommend hilft, sich in der eigenen Stadt zu orientieren, der kann wirklich kein Rassist sein. Entschuldigung also, Shanghaierinnen und Shanghaier. Ich habe euch im letzten Kapitel bitter Unrecht getan. Ihr dürft euch mit genau einer Beleidigung meiner Person revanchieren: Wie wäre es beispielsweise mit «hervorragender Bewohner unserer glänzenden Hauptstadt» oder einfach «Pekingmensch»?

16 Die chinesischen Weihnachtsdiebe

Jedes Jahr zu Weihnachten ist es dasselbe. Ich bekomme einen Haufen E-Mails, in denen ich beneidet und beglückwünscht werde: «Du hast es gut! Du bist in China und kriegst von dem ganzen Weihnachtsrummel nichts mit.» In anderen Mails werde ich bedauert – aus demselben Grund. Und ganz schlaue Leute schreiben irgendwas von einem vollkommen anderen kulturellen Umfeld, in dem ich mich bewege, weshalb es ja bei mir gerade zur Weihnachtszeit kulturell ganz anders sei. Ich kann dazu nur sagen: Ihr habt alle keine Ahnung.

Es ist nämlich so: Die Chinesen haben uns Weihnachten längst geklaut. Und nicht nur das, sie haben es auch noch systematisch ausgebaut. So hat inzwischen in der chinesisch bewohnten Welt der ganze Weihnachtszinnober entschieden größere Dimensionen als im müden, alten Europa. Dabei ist es nicht so, dass die Chinesen keine eigenen Feiertage hätten. Mindestens eine Woche lang feiert man das chinesische neue Jahr, es gibt Qing Ming, eine Art chinesischen Totensonntag, außerdem das Mittherbstfest, das Drachenbootfestival, Buddhas Geburtstag und, wenn man in Festlandchina wohnt, auch den Internationalen Frauentag, den Tag des Kindes, den Ersten Mai und den Nationalfeiertag am Ersten Oktober noch dazu und obendrein. Aber weil Chinesen erstens gerne feiern und zweitens gerne kopieren, darf ich jedes Jahr ein Weihnachten erleben, das sich gewaschen hat.

Ganz vorneweg beim Weihnachtsklau sind natürlich die Singapurer, die in der allchinesischen Welt sowieso am allerbesten kopieren. Als ich 2003 mein erstes Weihnachtsfest in Singapur verbrachte, kippte ich angesichts des Weihnachtsbombasts vor Ort fast aus meinen tropentauglichen Latschen. Die Haupteinkaufsstraße, die Orchard Road, war den ganzen November und Dezember hindurch so massiv illuminiert, dass dagegen der weihnachtliche Ku'damm, die Kö oder die Zeil an mit Kienspänen ausgefunzelte Hohlwege aus Zeiten erinnerten, als man in Europa noch Felle trug. Über der Straße hingen meterdicke bunte Christbaumkugeln, glitzernde Weihnachtssterne und Posaunenengel; dazu wurde die Orchard Road von einem gewaltigen Schwibbogen überspannt. In den Türmen, die ihn hielten, standen lebensgroße Spielzeugsoldaten, die ab und zu ein Stück marschierten, wobei sie in ihre Trompeten stießen. Zur Untermalung lief alles, was die internationale Weihnachtsdisco hergibt: «White Christmas», «Jingle Bells»,

«Frosty the Snowman», «Rudolph the Red-nosed Reindeer» und natürlich zehnminütlich der Slade-Klassiker «Merry Christmas Everybody». Dieses Musikprogramm ist auch in jeder Shopping-Mall und in jedem Supermarkt für mindestens drei Monate Pflicht.

In ihrem Weihnachtswahnsinn hatten die Singapurer es auf der Orchard Road sogar schneien lassen. Dabei liegt Singapur in den Tropen. Die tiefste hier je gemessene Temperatur lag am 31.1.1934 bei exakt 19,4 Grad Celsius. Normalerweise sind es auf der Tropeninsel zwischen sechsundzwanzig Grad in der Nacht und zweiunddreißig Grad tagsüber. Trotzdem schneit es in der Weihnachtszeit auf der Orchard Road, und zwar Seifenflocken, die aus föhnartigen Vorrichtungen auf die Straße rieseln. Auch vor der Tang Mall versinken jedes Jahr die Kinder in meterhohen Schaumbergen, was neben dem Weihnachtsspaß für die Kleinen den Vorteil hat, dass sie nach der «Schneeballschlacht» frisch gewaschen sind und wunderbar nach weißer Weihnacht riechen.

Als ewige Konkurrenten der Singapurer liegen die Hongkonger in puncto Weihnachtsirrsinn ungefähr gleichauf. Der einzige kleine Unterschied ist wohl, dass die Weihnachtszeit in der chinesischen Sonderverwaltungsregion noch etwas amerikanischer ausfällt. Als ich Weihnachten 2008 mal wieder in Hongkong weilte, hatte der US-Amerikaner Jim Marvin gerade zum sechsten Mal in Folge einige Shopping-Malls schmücken dürfen. Marvin dekoriert auch jedes Jahr das Weiße Haus in Washington zum Fest. Seltsamerweise lautete in Hongkong sein letztes Weihnachtsdekorationsthema der George-W.-Bush-Ära nicht «Nach mir die Sintflut», sondern «Eleganz trifft Natur» – wahrscheinlich voll frontal.

Auch die Malls, die Herr Marvin nicht in der Mache hatte, waren weihnachtsmäßig aufgerüstet. Im International Financial Centre stand ein vierstöckiges, mit zwanzigtausend Glühbirnen beleuchtetes Indoor-Riesenrad, der Platz vor der Harbour City Mall in Kowloon hatte sich in einen großen Weihnachtsbahnhof verwandelt, und im Pacific Place trat Ricky Baldwin auf, angeblich Amerikas berühmtester Weihnachtsmann, bekannt aus der US-amerikanischen Fernsehwerbung. Den Höhepunkt des Hongkonger Weihnachtsprogramms 2008 aber bildete sicher die Performance einer Gruppe von «authentischen» Cancantänzerinnen aus Paris, die in der Elements Mall das Thema «Passionate French X'mas» verkörperten. Seitdem wird wahrscheinlich in Hongkong geglaubt, Maria hätte im Stall von Bethlehem – oh, là, là! – Petticoat getragen. Immerhin verzichten die Hongkonger auf das künstliche Beschneien ihrer Innenstadt, vielleicht weil sie hier jedes Jahr auf eine echte weiße Weihnacht hoffen. Zwar liegt die Durchschnittstemperatur zu Weihnachten auch in Hongkong bei 19,4 Grad, aber immerhin ist in den letzten sechzig Jahren schon dreimal echter Schnee gefallen. Vielleicht liegt es aber auch daran, dass für die Hongkonger Weihnachten einfach ein heißeres Fest ist, zumindest für die hiesigen Teenager. Die haben nämlich den Heiligen Abend, der auf Mandarin «Ping an ye», Friedensnacht, heißt, in «Shi shen ye» umbenannt, was Jungfräulichkeitsverlusttag bedeutet. Angeblich ist genau dieser Tag der richtige, um zum ersten Mal im Leben Geschlechtsverkehr zu haben. Dabei kümmern sich die Teens offenbar nicht groß um Verhütung, denn ein paar Wochen nach Weihnachten klingelt das hiesige Schwangerschaftskrisentelefon besonders häufig. Möglicherweise glaubt man hier, Verhütung sei sowieso überflüssig, wenn man ja auch – siehe Weihnachten – als Jungfrau ein Kind bekommen kann.

Als ich 2005 von Singapur nach Peking zog, hoffte ich, damit dem Weihnachtsklamauk endgültig zu entkommen. Immerhin ist Festlandchina ein atheistischer Staat, in dem vor kaum mehr als dreißig Jahren das Christentum und jedwede religiöse Äußerung unbarmherzig verfolgt wurden. Doch als sich hier der Weihnachtstermin näherte, musste ich begreifen, dass selbst die Festlandchinesen an Weihnachten auf die Pauke hauen, und zwar jedes Jahr ein bisschen kräftiger. Was in Peking mit ein paar mickrigen Bäumchen angefangen hat, ist mittlerweile ein Wettbewerb um den höchsten Baum der Stadt. 2008 hatten dann die Weihnachtsbäume vor dem Olympiastadion bereits eine Höhe von dreißig Metern. Noch ein paar Jahre, dann wird auf dem Tian-An-Men-Platz der höchste Weihnachtsbaum der Welt stehen, begehbar und mit Zimmern drin, die man mieten kann. Und der Weihnachtsrummel beschränkt sich nicht auf die Hauptstadt. Im sibirisch kalten Harbin im Norden Chinas hat man bis vor wenigen Jahren beim Internationalen Eis- und Schneeskulpturenfestival noch Arbeiter und Bauern aus dem Eis modelliert. Im Winter 2008 war es dann ein hundertsechzig Meter langer und vierundzwanzig Meter hoher Weihnachtsmann. In der Lobby des Sheraton Lido Hotel in der Provinzhauptstadt Shenyang wurde zur gleichen Zeit die größte Pfefferkuchenstadt der Welt errichtet, bestehend aus fünfundzwanzigtausend Pfefferkuchen und mit einem Gewicht von mehr als tausend Kilo. In der Kleinstadt Dali saß ich eines Weihnachtstages in einer Bar fest, weil draußen die Dorfjugend mit Schleimwürmern und Konfettischlangen, die sich aus Sprühdosen verspritzen ließen, Jagd auf Passanten machte. Weihnachten hat in China inzwischen den Charakter eines großen Karnevals angenommen, und es wird sicher nicht mehr lange dauern, bis diese Krawallveranstaltung in genau dieser Form wieder zurück nach Europa schwappt.

Das Schlimmste an der chinesischen Weihnacht aber ist, dass sie mit dem 27. Dezember nicht endet. Ganz so wie in der Heinrich-Böll-Satire «Nicht nur zur Weihnachtszeit» wird in den Hongkonger Shopping-Malls und Supermärkten das Weihnachtsmusikprogramm auch nach den Feiertagen einfach weitergedudelt, oft bis zum chinesischen Neujahr, das manchmal erst Mitte Februar beginnt. In chinesischen Provinzstädten sah ich «Happy Christmas»-Sticker auch im Hochsommer noch an Bars und Restaurants pappen, inklusive grinsenden Weihnachtsmännern. Noch schlimmer geht es in Peking zu. Hier fährt zu jeder Jahreszeit – Winter ausgenommen – ein Wagen durch die Straßen, der die Bäume am Straßenrand mit Schädlingsvernichtungsmittel besprüht. Dabei spielt er «Jingle Bells», offensichtlich zur Abschreckung und Warnung.

Zugegeben, nimmt man es genau, war Jesus Asiat, und selbst der Nikolaus stammt aus der Türkei. Doch das gibt den Chinesen noch lange nicht das Recht, einen solchen Schindluder mit unserem Weihnachtsfest zu treiben. Ich finde, damit sie begreifen, was sie da eigentlich tun, sollten wir langsam zum Gegenschlag ausholen. Wie wäre es, wenn wir auch im Westen damit begännen, urchinesische Feste zu kopieren, und zwar auf unsere Art? So könnte man zu ihrem allerwichtigsten Fest, dem chinesischen Neujahr, zum Beispiel die traditionellen

Neujahrdumplings mit Bratwurst, Senf und Blauschimmelkäse füllen und dann ein paar Chinesen zum Essen einladen. In die Hong Bao, die roten Umschläge, in denen man zu Neujahr Geld verschenkt, packen wir kleine Zettelchen, auf denen wir uns über chinesische Mythen lustig machen. Kommt uns auf der Straße ein Chinese entgegen, schreien wir ihm mit grauenvollem Akzent den Neujahrsgruß «Chunjie kuaile» entgegen, und zwar mit Vorliebe im September oder August. Allerdings bin ich mir nicht sicher, ob diese Aktionen wirklich etwas bringen. Wahrscheinlich werden sie uns am Ende doch nur wieder von den Chinesen abgeguckt.

17 Wachskaulquappenhappen bei Weizenarbeit

Wer etwas länger in China wohnt, der braucht einen Namen. Und wenn Sie glauben, Sie hätten schon einen, dann irren Sie sich nicht zu knapp. Ihr westlicher Name ist nämlich für Chinesen weder aufschreib- noch aussprechbar. Hier benötigen Sie einen chinesischen Namen, mit Schriftzeichen und allem Drum und Dran. Wer so was nicht hat, existiert für die Chinesen praktisch gar nicht. Neulich wollte sich ein Bekannter ganz ordnungsgemäß bei der Polizei anmelden. Als er keinen chinesischen Namen präsentieren konnte, trug die diensthabende Polizistin kurzerhand den Namen seiner chinesischen Frau ins Formblatt ein. Schlichter Zusatz: «Ehemann».

Nach ein paar Monaten in Peking wollte ich mir also einen chinesischen Namen besorgen. Allerdings ist die Namensfindung grundsätzlich nicht einfach. Viele Westler sind daran schon gescheitert, selbst große Konzerne. Als Coca-Cola in den zwanziger Jahren nach China kam, versuchten einige Getränkehändler sofort, den Namen ins Chinesische zu übertragen. Danach stand auf ihren Schildern zwar phonetisch korrekt «Ko Ka Ko La», doch die Übersetzer hatten nicht bedacht, dass chinesische Schriftzeichen auch etwas bedeuten. So las damals ein Chinese auf den Werbetafeln von Coca-Cola: «Trink die mit Wachs beschleunigte Stute» oder auch «Beiß die Wachskaulquappe», je nachdem, welche Zeichen man zur Verschriftlichung der Laute benutzte. Unzufrieden mit den kreativen Laienübersetzern, beauftragte Coca-Cola Profis, die nach langem Rumprobieren 1928 endlich einen adäquaten Namen fanden. Das Raffinierte daran ist: Ke Kou Ke Le klingt nicht nur fast so wie das Original, es bedeutet obendrein noch was Blödes, nämlich: dem «Mund erlauben, sich zu freuen». Und seitdem gilt diese Form der Übersetzung als das Nonplusultra bei der Markennamengenese. Besonders erfolgreich haben deutsche Autohersteller sie kopiert. So heißt ein BMW in China Bao Ma, «wertvolles Pferd», und ein Porsche Bao Shi Jie, «in Garantiezeit schnell». Auch die Belegte-Brötchen-Kette Subway hat ihre Übersetzer lange tüfteln lassen. Sai Bai Wei bedeutet «So gut wie hundert Geschmäcker». Das kann man durchaus bezweifeln, macht man aber in China nicht. Es steht ja an den Läden dran.

Andere Firmen begnügen sich mit einem Mischmasch aus Phonetik und Bedeutung, wahrscheinlich, weil so ein Name billiger ist. Starbucks heißt hier Xing Ba Ke, wobei Xing ein Stern ist, der Rest aber bloße Lautmalerei. Bei Bi Shen Ke ist nur das erste Wort ein phonetisches Imitat, der Rest heißt übersetzt:

«Gäste müssen siegen». Wo? Ach so, im Pizza Hut natürlich, und wahrscheinlich über den Gummikäsebelag. Apropos Gummi. Auch Viagra gibt es in China. Es heißt hier Wan Ai Ke, etwa «zehntausendfaches wunderschönes Erlauben». Dieser Name aber war selbst den Chinesen zu blöd, weshalb das Zeug im Volksmund nur Wei Ge genannt wird, «mächtiger Bruder». Ziemlich clever ließ sich ein pharmazeutisches Unternehmen aus Kanton seine Potenzpillen unter diesem Namen registrieren. Viagraproduzent Pfizer klagte dagegen, verlor aber den Prozess, denn der amerikanische Konzern hatte versäumt, sich die schöne umgangssprachliche Bezeichnung schützen zu lassen.

Nur in den seltensten Fällen hat einer mit seinem westlichen Namen Glück, weil der zufällig auf Chinesisch schon was Tolles bedeutet. So wie Yahoo zum Beispiel, das hier Ja Hu heißt, «eleganter Tiger». Oder der Markenliteraturhersteller Hemingway. Der wird als Hai Ming Wei verschriftet: «Meer, strahlend, kräftig». So einen Namen hätte ich auch gerne. Aber die ersten Übersetzungsversuche gingen mit Ke Li Si Yang Yu Pi Si Long Shi Mi Te schwer daneben. Zwar konnte ich der Übertragung meines Nachnamens durchaus etwas abgewinnen. Wörtlich bedeutet er «Geschichte Geheimnis spezial», was den Kern meiner Persönlichkeit irgendwie trifft. Aber der Vorname «Kann sofort sterben Schaf» ging gar nicht, genauso wie mein Mittelinitial (die Übersetzung verschweige ich lieber). Der ganze Name war damit in etwa so sinnvoll wie Mai Dang Lao, was wörtlich «Weizen als Arbeit» heißt, nicht wörtlich aber McDonald's. Bloß: McDonald's könnte seine Burger auch Kaulquappenhappen nennen, die Chinesen würden die Restaurants trotzdem nicht meiden –

mit meinem Namen ziemlich sicher aber mich. Ich wollte mir also einen ganz neuen chinesischen Namen suchen. Meine liebenswürdige Dolmetscherin würde mir mit diesem Problem nicht helfen können, denn sie kann nur Hochchinesisch. Selbst wenn ihr ein wohlklingender Name eingefallen wäre, ich wäre vor Katastrophen nicht gefeit gewesen. Charles Qin, ein renommierter australischer Chinesischübersetzer, erzählt auf seiner Homepage die Geschichte eines Mannes, der einen perfekten chinesischen Namen trug – bis er in die Provinz Guangdong reiste. Weil man dort aber – genauso wie in Hongkong – Kantonesisch spricht, lautete sein Name plötzlich «Hundescheiße». Natürlich hätte ich mir direkt von Herrn Qin einen wohlriechenderen Namen besorgen lassen können, doch der wollte dafür einen Riesenbatzen Geld. Blieb mir also nur das bekannte Arme-Leute-Medium Internet. Da gibt's mit www.mandarintools.com einen kostenlosen Service, der bei Eingabe des Originalnamens und einiger Details in Sekundenschnelle einen chinesischen Qualitätsnamen verspricht, mit dem man sich auch in Kanton nicht zum Gespött macht. Ich probierte es aus, doch die Seite spuckte immer wieder andere Namen aus. Mal war ich Herr Xue, mal Herr Xing und mal Shi. Was dachten sich die Tool-Erfinder? Dass ich mich bei den Diplomatenempfängen hier in Peking alle zehn Minuten mit einem anderen Namen vorstelle?

Ich hielt es dann zunächst einmal wie der eingangs erwähnte Bekannte. Seit der Demütigung auf der Polizeiwache trug der in jedes Formular, das nach seinem chinesischen Namen fragte, nur noch drei Schriftzeichen ein. Es sind diese hier: 火车站. Beim Lesen verstehen dann selbst Chinesen nur noch «Bahnhof».

PS: Ich bekam dann später doch noch einen Namen. Mein chinesischer Schwiegervater fand die richtigen Zeichen und die dazugehörige gute Bedeutung nach langem Nachdenken und Ausprobieren. Mein Name lautet jetzt kurz und knapp Ke Li Si, wobei das Zeichen für Ke «Axtstiel» bedeuten kann und die für «Li Si» etwa so viel wie «aufrecht stehen» und «denken». Damit bin ich sehr zufrieden. Woher ich aber den Schwiegervater habe, erzähle ich ein anderes Mal.

18 Kleine chinesische Fotolehre

Seit ewigen Zeiten konkurrieren Chinesen und Japaner darum, wer der tollste Ostasiat ist. Im Moment haben die Chinesen Oberwasser, während die Japaner am Boden liegen, ökonomisch und auch sonst. Galten Letztere beispielsweise früher auf dem Gebiet der Vielfotografie als Weltmeister, sind das seit der Einführung der Digitalkameras die Chinesen. Die fotografieren auf Reisen ohne Unterlass, aber nur sich gegenseitig. Eine Landschaft an sich, Vulkanausbrüche oder Tsunamis interessieren in China kaum mehr als der Untergang der europäischen Schuhindustrie. Dasselbe gilt für Gebäude, mögen diese sich auch noch so spektakulär verhalten. So hat gewiss nicht ein Chinese den Kollaps des World Trade Centers fotografiert. «Gähn», hätte ein zufällig am Ground Zero vorbeilaufender Tourist aus Peking gesagt. «Wieso soll ich das denn knipsen? Mutti, Vater oder Tochter sind ja nicht drauf.»

Für Chinesen haben nämlich Bilder nur dann einen Wert, wenn darauf Verwandte oder Bekannte abgebildet sind. Und so nehmen die denn überall im Lande Aufstellung. Vorm Mao-Porträt auf dem Tian An Men, an Abgründen und Schlünden, in Wüsten, neben ausbrechenden Vulkanen oder vor Tsunamis. Die zu Fotografierenden müssen sich dabei an bestimmte, wahrscheinlich uralte Regeln halten. Grundsatz Nummer eins: Stehe niemals natürlich da! Männer legen die Hände an die Hosennaht, ältere Frauen auch. Jüngere Frauen sollten sich in eine möglichst neckische Pose werfen und mit dem Zeige- und Mittelfinger das V-Zeichen machen, ebenso kleine Mädchen. Da können die für Urlaubsfotografie zuständigen Behörden noch so viele Vorschläge zur Dynamisierung des chinesischen Urlaubsfotos machen («Nutze den ‹Moment›, damit das Foto lebendig wirkt»): Halten tut sich niemand dran.

Wahrscheinlich stammen die alten Fotografierregeln bereits von Konfuzius (551–479 v. Chr.), dessen Ideen hier in den letzten Jahren angeblich mehr und mehr an Einfluss gewinnen. Konfuzius hat wohl auch gesagt: «Sorge dafür, dass dein Foto den Eindruck erweckt, Mutti, Vati und Tochter seien die einzigen Menschen auf der Welt.» Das zu realisieren ist in China allerdings so schwer, wie einen Mann zu fotografieren, der seinen eigenen Kopf verspeist (sorry, Matt Stone und Trey Parker), weil es eben fast überall im Land so brechend voll ist. So wundert es auch nicht, dass die Chinesen für ihre Fotos ganz besonders lange brauchen. Erst muss der Blutsverwandte die richtige unentspannte Haltung einnehmen, dann müssen auch noch Tausende von Mitmenschen vertrieben werden. Sollte also tatsächlich ein Chinese vor den brennenden Zwillingstürmen ein Foto gemacht haben, hat er den aus den Fenstern Springenden zugeschrien: «Los, schneller fallen. Ihr stört im Bild!»

Trotzdem wäre aus der Aufnahme nichts geworden.

Für ein chinesisches Kunstfoto muss sich nämlich nicht nur der Fotografierte kreativ hinstellen, sondern auch der Fotograf. Dafür geht er meistens in die Hocke oder in einen weiten, federnden Spagat: So braucht man in China für einen Schnappschuss, alle Vorbereitungen zusammengerechnet, eine gute Viertelstunde. Bis dahin ist aber längst der Nordturm kollabiert oder die Riesenwelle über der Verwandtschaft zusammengebrochen. Das ist auch der Grund, weshalb es so wenig Fotos von Chinesen vor Tsunamis gibt, obwohl solche Bilder mit Sicherheit versucht wurden.

Ganz zum Schluss des Fotografiervorgangs hat der Fotograf dann sehr laut zu zählen: «Yi, Er, San», eins, zwei, drei; ein Mantra, das man an jedem chinesischen Urlaubsort ein paar tausendmal am Tag hört. Bei «San» sagt Mutti oder Vati dann: «Qiezi!» Das heißt Aubergine und ist das chinesische Pendant zu «Cheese». Zumindest wird diese Anekdote immer wieder von in China lebenden Westlern erzählt. Wahr ist sie nur mit Einschränkungen. Es sagt ja auch im Westen praktisch niemand «Cheese», außer vielleicht ein paar überkandidelte Mädchen, die die falschen Fernsehserien gucken.

Natürlich gibt es auch Ausnahmen von den hier erklärten Regeln. So nehmen Chinesen manchmal eben doch unbekannte Menschen mit ins Bild, zum Beispiel, wenn es sich dabei um Angehörige von den im Land ansässigen Minderheiten handelt (Dong, Daur, Dai, Bai, Miao, Tu). Die sind immer so lustig angezogen. Auch dicke Ausländer werden gern zu den Blutsverwandten gestellt, vorzugsweise Frauen mit großen Brüsten. Das verspricht Wohlstand im nächsten Leben. Deshalb gibt es vielleicht doch chinesische Fotos von der Flugzeug-trifft-Haus-Geschichte aus dem Jahr 2001. Da sind dann sehr dicke

Feuerwehrmänner drauf oder mit Körbchengröße F gesegnete Krankenschwestern.

Vor einem völlig neuen Problem stehen die Chinesen, seitdem sie von der Fotografie zum Videodreh gewechselt sind. Wer dabei nur einmal schwenkt, zumal in China, dem geraten unweigerlich unzählige fremde Menschen ins Bild. Wohl deshalb fallen einem in letzter Zeit immer mehr chinesische Hobbyfilmer auf, die ihre Kamera ausschließlich in den Himmel halten. Andere dagegen richten die Kamera auf den Boden und filmen nur den eigenen Hund. Aber vielleicht hofft man ja auch auf einen Japaner, der dort liegt und winselt. Auch das wäre gewiss ein herrliches Motiv.

Aushang im Kanas-See-Nationalpark

Fünf Punkte muss man beim Fotografieren beachten:

1) Fotografieren Sie nicht nur Sehenswürdigkeiten. Man kann auch das Reisen selbst, das Essen und die Pausen fotografieren. Dann hat man eine schöne und wertvolle Erinnerung.
2) Menschen und Sehenswürdigkeiten sollen sich ergänzen.
3) Achten Sie auf den Bildausschnitt. Vor dem Fotografieren kann man sich diesbezüglich zum Beispiel in einem professionellen Fotoladen informieren. Das ist ein schneller Weg zum Ziel.
4) Die Haltung der Personen sollte entspannt sein. Personen können stehen, hocken, auf der Wiese liegen. Hauptsache, es sieht natürlich aus.
5) Der Blick der fotografierten Person sollte lebendig sein. Sie sollte entweder in die Kamera sehen oder Sehenswürdigkeiten betrachten. Für Fotos mit mehreren Personen gilt: Entweder wählt man vorher einen Punkt, den die Leute fixieren, oder sie sollen eine Sehenswürdigkeit betrachten. Nutze den «Moment», damit das Foto lebendig wirkt.

19 Bitte rottet die Pandas aus!

Vielfach wird gemeint, die Chinesen hätten an Tieren nur ein kulinarisches Interesse. Dass dies so nicht ganz stimmt, beweist die große Zahl von Zoos in China, in denen eine ganze Reihe vollkommen unverzehrter Tiere leben. Der Pekinger Zoo ist besonders schön und hat eine lange, wechselvolle Geschichte. Noch in der Kaiserzeit gebaut, lebten bei der Gründung der Volksrepublik China nur noch zwölf Affen, zwei Papageien und ein blindes Emu in den Gehegen. Die restlichen Tiere hatten die japanischen Besatzer vergiftet. Heute gibt es dort wieder rund siebentausend Tiere, darunter die weltweit größte Zoopopulation an großen Pandabären.

Ich kann Pandas nicht sonderlich leiden. Die Chinesen aber sind ganz vernarrt in diese Tiere. Sie malen sie deshalb auch überallhin: auf Busse, Bettwäsche, Schulhefte, T-Shirts und Müllcontainer. Die Kaufhäuser quellen über von Pandastofftieren, es gibt Kioske und Papierkörbe in Pandaform. Wer will, kann auch Pandagoldmünzen kaufen oder – im Pandazuchtzentrum in Sichuans Hauptstadt Chengdu – Pandapapier. Das wird aus Pandaexkrementen gewonnen. Kein Scheiß.

Die hiesigen Zeitungen werden noch nicht darauf gedruckt. Dafür sind sie voll mit Pandameldungen, und seien sie noch so alt. So konnte man in China Daily am 16. Januar 2007 ganz groß lesen, die Pandabärin Qing Qing habe im Zoo von Fuzhou ein Junges bekommen: vor fünfzehn Jahren. Der neueste Trend sind allerdings Online-Panda-Benamsungswettbewerbe. Als man 2006 Taiwan zwei Pandas schenken wollte, beteiligten sich auch meine patente Dolmetscherin und ich an einem solchen Preisausschreiben: Wir schlugen die Namen Ping Ping und Peng Peng vor, denn Pandas kriegen fast immer Doppelnamen, weil das so niedlich ist. Außerdem bedeutet Ping Frieden und Peng Freund. Unsere subtilen Vorschläge gewannen leider nicht. Stattdessen wählte man Tuan Tuan und Yuan Yuan aus, weil das «Wiedervereinigung nach langer Trennung» bedeutet. Die taiwanesische Regierung hat sich dann auch prompt geweigert, das Geschenk anzunehmen.

Nachdem im Januar 2008 allerdings die Pro-Unabhängigkeitsregierung in Taipeh abgewählt worden war, wollte die neue Regierung unter Präsident Ma Ying-Seou die Pandas dann plötzlich doch. Sie bauten Tuan Tuan und Yuan Yuan im Zoo der Hauptstadt ein schickes, dreistöckiges Haus für umgerechnet zehn Millionen US-Dollar. Kurz vor Weihnachten desselben Jahres wurden dann die Pandas mit einem Jumbo-Jet von Chengdu nach Taipeh geflogen, wo sie pünktlich zum Beginn des chinesischen neuen Jahres von Zehntausenden Taiwanesen gefeiert und bestaunt wurden. Die Unabhängigkeitsbefürworter von der Demokratischen Partei (DPP) jedoch, die die Annahme der Pandas als Regierungspartei verweigert hatten, ärgerten sich maßlos über die große Pandasause. Einige DPP-Abgeordnete riefen die Taiwanesen zum Zooboykott auf und schlugen vor, Taiwan sollte Festlandchina im Gegenzug zwei einheimische Affen mit den Namen Tai Tai und Du Du schenken. Spricht man diese Namen zusammen aus, heißt das «Taiwanesische Unabhängigkeit». Wenn nicht jemand noch ganz schnell auf etwas Dümmeres kommt, geht diese Idee sehr sicher als die billigste Retourkutsche in die Geschichte des modernen Chinas ein.

Mian Mian und Lang Lang sind übrigens trotz Doppelnamen keine Pandas. Mian ist eine lausige Schriftstellerin, die unter anderem ein Buch geschrieben hat, das «Panda Sex» heißt, Lang ein pummeliger Pianist, der hauptsächlich in Fernsehshows und bei Olympischen Spielen auftritt. Beide sind sehr emsig. Der Panda dagegen ist ein entsetzlich faules Tier. Er verbringt sechzehn Stunden am Tag mit Bambusfressen. Weil er den Bambus nicht anständig verdauen kann, braucht er täglich bis zu dreißig Pfund davon. Wenn er gerade mal nicht frisst, schläft er. Vor lauter Faulheit mag sich das mollige Vieh nicht einmal fortpflanzen. Das Weibchen hat nur einen einzigen Eisprung pro Jahr und ist dann nur wenige Tage fruchtbar. Also muss der Mensch nachhelfen. In den mehr als dreißig Pandareservaten Chinas bemüht man sich um das Sexleben der Pandas. Hier wird künstlich befruchtet, was die Phiole hergibt, wozu das Pandasperma bisweilen um die halbe Welt verschickt wird. Oder man versucht die Pandas mit Tricks zur Paarung zu bewegen. Seit neuestem werden jungen Tieren sogar Filme gezeigt, die für Menschen hierzulande strikt verboten sind: Pornos. Sie zeigen etwas geilere Pandas bei der Paarung, von vorne, von hinten und mit allen erdenklichen Brunstlauten. «Es wirkt», sagt dazu stolz der Direktor der Research Base of Giant Panda Breeding in Chengdu, Zhang Zhihe, statt sich was zu schämen.

Natürlich kosten die ganzen Zuchtprogramme Unsummen. Um das Geld wieder einzuspielen, sind die Chinesen dazu übergegangen, Pandas an ausländische Zoos zu verleihen – gegen hohe Gebühren. Wie die New York Times berichtet, bekam der Zoo von Atlanta seine beiden Leihpandas für zehn Jahre gegen eine Gebühr von zwei Millionen Dollar, zahlbar an die chinesische Regierung. Die Amerikaner haben auch noch vier Pfleger für die faulen Säcke abgestellt, die pro Tag vierundachtzig Pfund Qualitätsbambus wegfressen.

Weil sie so teuer sind, spielt man in Atlanta bereits mit dem Gedanken, die Pandas wieder abzuschaffen. «Diese Bären», sagt Zoodirektor Dennis W. Kelly, «gehören zu den verwöhntesten Tieren auf diesem Planeten.»

Könnten sich die Chinesen doch nur zu demselben Schritt entschließen. Um wie viel nützlicher ließe sich das viele Geld verwenden, das man den Schmarotzern in ihren stets aufgesperrten Rachen wirft. Sowieso passen Pandas nicht in die moderne Welt. Sie faulenzten schon vor fünf Millionen Jahren herum, als Zeitgenossen der Mammuts. Die Mammuts sind längst weg. Wann verschwindet der Panda? Man müsste das nutzlose Tier nur sich selbst überlassen. Doch weil die Chinesen es so putzig finden, haben sie mit ihren Schutz- und Zuchtmaßnahmen den Pandabestand sogar von einst tausend auf heute dreitausend Exemplare gesteigert. Dabei ist dieses Putzigfinden hochgefährlich. Im Pekinger Zoo biss Panda Gu Gu einen betrunkenen Besucher, der in emotionalem Überschwang ins Gehege kletterte, um dem putzigen Kerl «die Hand zu schütteln». Ein Jahr später griff derselbe Panda einen fünfzehnjährigen Jungen an, der aus Neugierde ins Gehege gesprungen war. Und Anfang 2009 machte das bösartige Vieh schon wieder Schlagzeilen, als er einem Mann beide Hände zerbiss, der den Plüschpanda seines Sohnes aus dem Pandakäfig retten wollte. Etwa einen Monat vorher hatte im Hongkonger Ocean Park Panda An An seine Pflegerin angegriffen. Panda-Experte Zhang Hemin erklärte diesen Ausfall damit, dass ältere Pandas öfter an zu hohem Blutdruck litten. Es gibt wohl für diese brutalen Gesellen immer eine Entschuldigung, und das nur, weil sie Pandas sind und dunkle Ringe um die Augen haben.

Statt aber mal die Existenzberechtigung der Pandas zu hinterfragen, wird in China überlegt, ein Tier auszumerzen, das es gar nicht gibt. Der Drache ist seit nunmehr siebentausend Jahren das Nationaltier Chinas, doch Professor Wu Youfu von der Universität für internationale Studien in Shanghai glaubt, das Fabelwesen könne im Westen missverstanden werden, da es dort Machtstreben und Aggressivität symbolisiere. Deshalb leitet er bereits eine Arbeitsgruppe, die ein neues, «positives» Nationaltier finden soll. Sie wird dazu nicht lange brauchen. Nein, auch wenn ich selbst schwer dafür bin: Das blinde Emu wird es leider nicht.

20 Auf die Größe kommt es an

Beim Schreiben dieses Buches plagt mich manchmal ein ziemlich schlechtes Gewissen: Ist es wirklich okay, dass ich mich hier immer wieder über die Chinesen amüsiere? Schließlich lebe ich sehr gerne in ihrem Land. Ich möchte auch gar nicht woanders wohnen. Ich kann es gar nicht mehr. Und ganz bestimmt nicht in Europa. Das hat verschiedene Gründe. Wie immer im Leben sind auch hier die wichtigsten Frauen, Essen und Geld. Aber es hat auch mit den chinesischen Dimensionen zu tun. In Europa ist alles so klein und mickrig, dass ich Beklemmungen kriege, wenn ich nur daran denke. Deutschland zum Beispiel mit seinen dreihundertfünfzigtausend Quadratkilometern ist sogar noch kleiner als unsere Provinz Yunnan. Das ganze China aber hat genau 9326410 Quadratkilometer Landmasse und übertrifft Deutschland damit ums Siebenundzwanzigfache. Zwar leben auf dieser Fläche auch 1,3 Milliarden Leute. Aber das ist nur das Sechzehnfache der deutschen Bevölkerung. Das heißt, in China gibt es ungefähr doppelt so viel Platz für jeden.

So gequetscht, wie man in Deutschland lebt, so kleinkariert wird dort auch gedacht, zum Beispiel von den Städtebauern und Architekten. Ganz anders hierzulande. Mitten in Peking liegt mit dem Tiananmen Guangchang der größte innerstädtische Platz der Welt. Im Westen der Stadt steht die größte Shopping-Mall und im Osten der – gleich nach dem in Stockholm – zweitgrößte IKEA des Planeten. Was dagegen hat Berlin zu bieten? Das Alexa am Alexanderplatz, das Prekariat und um die hundert Aldis!

Dass man in China schon immer großzügiger dachte, ist auch meinem Lieblingsbuch zu entnehmen, dem deutschsprachigen Standardwerk «China-Reisen: 999 Fragen und Antworten» aus dem Verlag Volkschina. Es zählt in aller Bescheidenheit allein für Peking zehn architektonische Superlative auf, darunter die Verbotene Stadt als «größten Palastkomplex der Welt», den Beihai-Park, den «ältesten kaiserlichen Garten der Welt», den Sommerpalast, den «größten und am besten erhaltenen kaiserlichen Garten der Welt», den Yunju-Tempel, den «Tempel mit den meisten Steintafeln der Welt», und die Yongle-Glocke, «die Glocke mit der längsten Inschrift der Welt».

Das alles soll den Chinesen erst mal einer nachbauen. Schafft aber keiner, wie schon das Beispiel der Mauer zeigt. Während die Chinesen ihre seit zweitausendfünfhundert Jahren ausbauen und instand halten, wurde der deutsche Rekordversuch nach nicht einmal dreißig Jahren kläglich abgebrochen. So ähnlich verhält es sich auch mit dem Transrapid. Der schnellste Zug der Welt fährt zwar momentan noch in beiden Ländern, allerdings in Deutschland nicht mehr allzu lange. In China fährt er außerdem noch unfallfrei und transportiert echte Passagiere. Und ein weiteres Beispiel von unendlich vielen: Das chinesische Eisenbahnnetz ist zwar (noch) nicht das längste der Welt, aber das effektivste. Allein während des chinesischen Neujahrsfests 2009 wurden hundertzweiundneunzig Millionen Menschen transportiert – mehr, als Brasilien Einwohner hat. Wer kriegt das sonst noch hin? Die Deutsche Bahn etwa?

Die längste Rolltreppe der Welt rollt in Hongkong, die höchste Gondelbahn erklimmt den Jadedrachen-Schneeberg in Yunnan, und seit 2008 hat Peking den besten Flughafen der Welt (Condé Nast Traveller Magazine). In puncto Passagieraufkommen ist er mit jährlich 65 329 851 abgefertigten Passagieren (2009) momentan der größte Flughafen Asiens und damit (auch hier gilt: noch) der drittgrößte in der Welt. Das höchste Haus der Welt …? War bis zur Fertigstellung des Burj Khalifa (Dubai) mit hundertein Stockwerken und fünfhundertneun Metern der «Taipei 101»-Tower in unserer momentan leider etwas abtrünnigen Provinz Taiwan. Allerdings steht das Monsterhochhaus in Dubai praktisch leer, während der chinesische Büroturm nahezu komplett vermietet ist. Auch der höchste Berg der Welt, so viel weiß man selbst in Deutschland, liegt in China, zumindest halb. Dass wir zudem über den schönsten Fluss verfügen, ist weniger bekannt. Es ist der Jade River im Emerald Valley nahe den Gelben Bergen in der Provinz Anhui, sagt jedenfalls die Infotafel an seinem Ufer. Der zweittiefste Punkt der Erde (hundertvierundfünfzig Meter unter N. N.) findet sich am Aiding-See in der Provinz Xinjiang, nahe der Stadt Turpan. Es ist bloß deshalb nicht der tiefste, weil das Tote

Meer zufällig nicht in China liegt. Aber wer braucht schon tote Meere?

China lebt, arbeitet und ist deshalb der weltweit größte Produzent von Kohle, Baumwolle, Kunstdünger, Rohstahl und Zement. Allein 2006 produzierte das Land 83,75 Millionen Fernsehapparate, mehr, als Deutschland Einwohner hat. Auch das ist ein Weltrekord. Natürlich waren auch die Olympischen Spiele in Peking 2008 in jederlei Hinsicht die besten und größten der ganzen Menschheitsgeschichte. 11441 Athleten kämpften hier um Medaillen. Von diesen gewann China genau einhundert, darunter einundfünfzig Goldmedaillen, mehr als jede andere Nation im hiesigen Sonnensystem. Und in Zukunft wird dieses Land noch superlativer werden. Unser gerade frisch ausgebautes Nationalmuseum ist selbstverständlich das größte unter allen Museen dieser Welt. Mit fast sechsunddreißig Kilometer Länge ist die Hangzhou Bay Bridge die längste Meeresbrücke des Planeten. Und in der südchinesischen Stadt Shenzhen liegt mit dem Mission Hills Golf Club die größte Golfanlage, die ein Menschenauge je erblickte.

Größe und Rekorde überall – das Resultat einer Umgebung von solchem Format sind große Menschen. Bis vor kurzem stammte der größte Mensch der Erde aus unserem Land: Bao Xishun, ein Hirte aus der Inneren Mongolei, misst 2,36 Meter. Erst im September 2009 wurde er offiziell von dem Türken Sultan Kösen übertroffen. Dafür führen wir aber immer noch bei den Frauen. Die größte Frau der Welt heißt Yao Defen, stammt aus Liuan in der Provinz Anhui und ist ebenfalls enorme 2,36 Meter hoch gewachsen. Dass die Chinesen auch Weltmeister in Bescheidenheit sind, zeigt sich daran, dass sie uns zum größten auch noch den kleinsten Mann liefern.

Nach dem Tod von He Pingping im Frühjahr 2010 ist dies offiziell wieder Lin Yu-chih auf Taiwan, obwohl ... Okay, meine Dolmetscherin sagt gerade, das reiche jetzt, damit mein Visum nochmal verlängert wird. Puh, diesmal war es wirklich knapp.

Wussten Sie, dass die gesamte chinesische Apfelsaftindustrie in der Lage ist, in einer Stunde fünftausend Tonnen Apfelsaftkonzentrat herzustellen? Das sind 1,7 Millionen Tonnen pro Jahr und damit ungefähr der jährliche Weltkonsum. So meldete es jedenfalls im Dezember 2007 die Nachrichtenagentur Reuters, und das wussten Sie natürlich nicht. Aber jetzt wissen Sie es. Und Sie werden dieses nutzlose Wissen auch nicht mehr loswerden. Dafür garantiere ich.

21 Duo shao qian?

Das erste Wort, das ein chinesisches Kleinkind sagt, lautet: «Ma». Das ist – neben Ba – die einfachste chinesische Vokabel überhaupt, weil sie intuitiv verständlich ist. Der erste komplette Satz, den das Kind etwa zwei Wochen später formuliert, ist da schon schwieriger: «Duo shao qian?» Dies ist der wichtigste Satz im Chinesischen; wenn Sie also nur einen lernen können oder wollen, nehmen Sie den. Er bedeutet: »Wie viel kostet das?»

Sollten Sie einmal nach China kommen, werden Sie ihn täglich hören: «Wie viel hat denn deine Uhr gekostet? Wie viel dieses Kleid? Ach, Sie haben sich die Gallensteine rausnehmen lassen? Was haben Sie denn dafür hingeblättert?» Nein, ich übertreibe nicht, man redet hier sehr offen über körperliche Gebrechen und Geld. Sie können deshalb auch ruhig die Summe nennen. Doch selbst wenn Sie ein Schnäppchen gemacht haben, wird Ihr chinesisches Gegenüber immer antworten: «Ach, das war viel zu viel. Mein Bekannter, Dr. Wang, holt Ihnen die Steine fürs halbe Geld raus. Und macht Ihnen obendrein die Nase.»

Die Chinesen reden so gerne über Geld, weil sie es tief und innig lieben. Wohl deshalb gibt es hier auch mehr Geldarten als anderswo, nämlich Yuan, Jiao und Fen. Ausländer, die zum ersten Mal in China sind, verstehen diese Unterteilung nicht auf Anhieb. Yuan ist noch einfach. Es ist die größte Einheit, so wie der Euro in Europa. Der Yuan zerfällt nun zwar auch in hundert Fen (= Cent), zugleich aber auch in zehn Jiao, wobei ein Jiao gleich zehn Fen sind. «Kapiert», sagen meine Besucher jedes Mal, wenn ich das erkläre. Dass sie es nicht verstanden haben, merkt man spätestens dann, wenn sie im Laden mit fünf Jiao etwas bezahlen wollen, das fünf Yuan kostet. «Aber», wird dann protestiert, «auf dem Schein» – es gibt immer noch mehr Jiao-Scheine als Münzen – «steht doch 'ne Fünf!» Man braucht sehr lange, um dem Chinafremden dann begreiflich zu machen, dass diese Fünf eigentlich für eine Fünfzig steht – «fünfzig von diesen ganz kleinen Dingern».

Damit der Schwierigkeiten nicht genug. Die Chinesen sagen nämlich zum Yuan auch bisweilen «Renminbi». Das heißt «Volkswährung», weil in China das Geld von allen benutzt werden darf, nicht nur von den Reichen. Meistens nennen sie ihn aber «Kuai», was so viel bedeutet wie «Stück». Sagt der Taxifahrer also: «Zwölf Stücke!», soll das heißen, dass Sie zwölf Yuan = zwölf Renminbi bezahlen müssen. Wahrscheinlich benutzen die Chinesen so viele verschiedene

Bezeichnungen, damit der Fremde nicht allzu schnell zu vertraut wird mit ihrem lieben Geld.

Noch gewöhnungsbedürftiger aber ist, dass die Zehner-Einheit «Jiao» umgangssprachlich «Mao» heißt. Auf den Jiao-Scheinen ist nämlich von Mao keine Spur. Dafür prangt der Große Vorsitzende auf allen Yuan-Scheinen. Die haben die Chinesen am allerliebsten und wollen sie immer um sich sehen. Deshalb ist man auch kein Freund von Überweisung und Kartenzahlung. Alles soll möglichst bar bezahlt werden und, wenn es geht, im Voraus: Nasen, Autos, Miete, Letztere am besten gleich für ein halbes Jahr. Nun gibt es aber keine Scheine, die größer sind als hundert Yuan (umgerechnet etwa zehn Euro). Das heißt, man zahlt mit dicken Bündeln, die man in Plastiktüten transportiert. Es gibt für einen Chinesen fast nichts Schöneres im Leben, als so ein Bündel in Empfang zu nehmen.

In der Mythologie des Westens ist der Mammon ein Teufel oder Dämon. Nicht so in China. Cai Shen, der Geldgott, genießt hier hohes Ansehen. Er wird verehrt und angebetet, damit er einen mit möglichst viel Cash versorgt. Manchmal steht er auch in Fußgängerzonen und lockt die Leute in neueröffnete Läden. Das Geld wird aber auch ganz direkt verherrlicht: auf Bauzäunen, Plakatwänden oder Telefonzellen. Wo früher das Bild Maos prangte, sind heute Dollarscheine und Goldmünzen abgebildet: eine tägliche Aufforderung, sich möglichst viel davon einzustecken. Schon Kinder lernen diesen Brauch, wenn sie am chinesischen Neujahrstag das schönste Spielzeug, das sich denken lässt, in die Hand gedrückt bekommen: den «Hong Bao», einen roten Umschlag, gefüllt mit Pinkepinke.

Mir gefällt die Geldverliebtheit der Chinesen gut, denn auch ich habe eine Schwäche für dicke Geldbündel. Jedenfalls lebe ich lieber in einem Land, wo man zum Geldgott betet, als in einem, wo man das Zinsennehmen öffentlich ächtet, dafür aber der Sprengstoffgürtel als modisches Accessoire geschätzt wird. Der wichtigste Satz der Chinesen ist mir bereits in Fleisch und Blut übergegangen: «Wie viel kostet das?» Allerdings fällt meine Antwort meistens noch sehr unchinesisch aus. Ich würde zum Beispiel nie verraten, was für ein Traumhonorar mir der Verlag für dieses Buch gezahlt hat. Aber mal was ganz anderes: Was würden Sie mir denn zahlen, wenn ich Ihnen oder Ihrer in China engagierten Firma in der nächsten Auflage dieses Buches ein Kapitel widmen würde, in dem Sie wirklich sehr gut wegkommen? Oder könnten Sie sich vielleicht vorstellen, mir eine Sonderauflage von, sagen wir mal, fünftausend Exemplaren abzunehmen, zum Sonderpreis, versteht sich? Sie könnten es ja als kleines Werbegeschenk an Ihre Kunden weitergeben. Falls Sie Interesse an diesem Angebot haben, dann wenden Sie sich doch über den Verlag an mich. Stichwort: «Duo shao qian».

22 Meine chinesische Tante

Vorweg eine Warnung: Dieses Kapitel kann leider nicht ganz so unterhaltsam ausfallen, denn gleich kommt meine Ayi. Sie wird ordentlich Krawall machen und mich von meinem Schreibtisch vertreiben, weshalb auch die Feinziselierung entfallen muss. Stattdessen kann ich nur ganz grobe Informationen liefern, zum Beispiel, dass Ayi eigentlich Tante heißt, in China aber auch Dienstmädchen oder Putzfrauen so genannt werden. Diese Sorte Ayis kommt meistens vom Land. Sie arbeiten für sechzig Cent bis zu einem Euro die Stunde, sodass sich auch der dahergelaufenste freie Autor eine leisten kann.

Genau genommen ist eine Ayi die jüngere Schwester der Mutter. Die ältere Schwester heißt Yima und die Tante väterlicherseits (ältere Schwester) Guma bzw. Gugu (jüngere Schwester). Ebenso werden die Onkel mütterlicher- und väterlicherseits unterschieden, wie überhaupt jeder Mensch im weitverzweigten chinesischen Familienverband eine eigene Verwandtschaftsgradbezeichnung hat. So heißt die eigene Schwester nicht einfach Schwester, sondern es wird zwischen älterer Schwester (Jiejie) und jüngerer Schwester (Meimei) unterschieden; genauso zwischen älterem Bruder (Gege) und jüngerem (Didi). Selbst entferntere Verwandte wie die Frau des älteren Onkels väterlicherseits haben ihren eigenen Verwandtschaftstitel (Boniang). Ist man einmal in die Fänge einer chinesischen Familie geraten, entkommt man ihr nicht mehr, allein weil man den Rest seines Lebens damit beschäftigt ist, die verschiedenen Verwandtschaftsgradbezeichnungen auswendig zu lernen.

Meine Ayi ist sehr gut. Sie putzt äußerst gründlich, sodass am Ende immer alles tipptopp sauber ist. Doch das ist offenbar die Ausnahme. Das weiß ich von den Expatfrauen hier in Peking. Expatfrauen sind ungefähr das, was früher einmal die Kolonialbeamtengattinen waren, nur dass ihre Männer jetzt bei Microsoft, BMW und Siemens arbeiten statt für Kaiser Wilhelm. Da etliche von ihnen nicht viel zu tun haben, verbringen sie den größten Teil ihrer Freizeit damit, sich über ihre Ayis zu beklagen. Dazu finden sie allerdings auch eher Anlass, denn im Unterschied zu meiner Ayi werden die Ayis der Expatfrauen meistens ganztags beschäftigt. Sie putzen nicht nur, sondern kochen auch und passen auf die Kinder auf, zumindest theoretisch. Tatsächlich aber sitzen sie den ganzen Tag auf dem Sofa und lackieren sich die Fußnägel. Dabei benutzen sie unerlaubt das Telefon, duschen mit warmem Wasser und sehen sich gleichzeitig koreanische Seifenopern auf DVD an, wahrscheinlich weil sie glauben, so noch sauberer zu werden. Das wurde mir jedenfalls von Expatfrauenseite berichtet. Kochen tun diese Ayis bloß Instant-Nudelsuppen oder Wackersteine, wenn überhaupt. «Mein neunjähriger Sohn wäre fast verhungert», erzählte mir die Frau eines französischen Käseimporteurs, «weil ihm die Ayi nichts zu essen gab. Gut, dass ich das Kind neulich zufällig in unserem Wohnzimmer getroffen habe, als mein Mann und ich frühmorgens aus dem Suzie-Wong-Club kamen.»

Manchmal bleibt die Ayi aber auch ganz weg, weil ihre Mutter im Sterben liegt oder wegen anderer Wehwehchen. Dann muss sie von der Expatfrau gefeuert werden. Das ist einerseits bedauerlich, andererseits hat sie damit auch ein neues Thema für die Expatfrauenrunde. «Sag mal», fragt die mit einem Expatmann Verheiratete jetzt, «kennst du nicht eine wirklich gute Ayi? Es soll da welche geben, die auf den Knien rutschend putzen. Lächelnd!» Doch solche Ayis sind schwer zu finden. Wird nämlich nach ein paar Wochen des Bekakelns endlich ein neues Dienstmädchen eingestellt, dauert es nicht lange, bis herauskommt, dass auch dieses letztlich eine Schlampe ist, eine Anhängerin der Viererbande, die Schnaps trinkt und es mit dem ihr anvertrauten Essensgeld nicht so genau nimmt. Eins, zwei, drei ist auch sie wieder rausgeschmissen. «Ach, weißt du», heißt es dann, «bei der ist mein Sohn sowieso zu fett geworden.»

So, grob geschildert, springen einige Expatfrauen mit ihren Ayis um. Expatmänner würden das nie tun. Sie nennen sich lieber Wilson, Greg oder Tim und eröffnen Blogs, wo sie das Ayibeschäftigen problematisieren: «Bin ich ein moderner Sklavenhalter», fragt zum Beispiel John, «der Linguist», auf sinosplice.com, «weil ich meiner Ayi nur siebzig Cent die Stunde zahle?» Zum Glück darf er sich selbst die Antwort geben: «Nein. Ich beute sie ja gar nicht aus, sondern helfe, ihren Lebensstandard zu verbessern.»

Aber auch Männer wie John müssen manchmal ihre Ayi feuern. Dazu eröffnen sie einen neuen Strang, den sie «Farewell to Ayi» nennen und wo sie noch einmal der Weltöffentlichkeit den jahrelangen Entfremdungsprozess zwischen sich und der Ayi schildern, bis hin zu: «Wir hatten ja eine persönliche Beziehung. Es war nicht einfach, Schluss zu machen. Doch als ich ihr nicht mehr trauen konnte, war es aus.»

So rührend kümmern wir Ausländer uns also hier in China um die Lösung der Ayi-Frage. Allerdings hat noch nie einer ausgerechnet, wie viel Zeit für das ganze Lamentieren über Ayis, für das Ayi-Suchen und Ayi-Überprüfen sowie die Diskussionen in den Ayi-Blogs so draufgeht. Wahrscheinlich hätte sonst schon jemand rausbekommen, dass man in derselben Zeit seine Wohnung leicht selber putzen könnte. Wie, das könnte ich ja auch? Nun, ich hätte damit keine Probleme. Wer aber schreibt dann dieses Kapitel zu Ende? Die Ayi etwa? Ich kann sie ja mal fragen. Ayi, wie sieht's aus? «Wo ziji ye neng meng wo ziji! Yang gui zi!» – «Verarschen kann ich mich selber! Ausländischer Teufel.» Toller Schluss. Sagte ich nicht, dass ich eine sehr gute Ayi habe?

23 Buddna has not Mach the Valparaiso

Wer wissen will, was die Chinesen vom Rest der Welt so halten, der sollte einmal den World Park vor den Toren Pekings besuchen. In diesem Minimundus hat man architektonische Zeugnisse der Weltkultur nachgebaut – vom Eiffelturm bis zu den Doppeltürmen des World Trade Centers, die hier wunderbarerweise immer noch stehen. Angeblich, um Chinesen, die nicht ins Ausland reisen können, die Welt zu zeigen. In Wirklichkeit aber, wie ich weiß, um die nichtchinesische Kultur mittels subtiler Fehlinformationen zu verspotten.

Nehmen wir das Schloss Neuschwanstein. Das Original, so hat man an das Modell geschrieben, stehe «on an steep mountain on the southeast of Bonn City». Gar nicht so falsch, wenn man den Zwergstaat Deutschland mit Riesenreichaugen betrachtet. Noch unverfrorener macht man sich über die Hagia Sophia in Istanbul lustig. Angeblich wurde sie von gleich zwei Architekten gebaut: «by Charles Ting, the emperor of Eastern Roman Empire». Aber auch: «The whole building was built by marble.» Charles Ting? Nach westlichen Geschichtsbüchern hieß der Mann Flavius Petrus Sabbatius Iustinianus, kurz Justinian der I. Aber – har, har – klingt Ting nicht doofer?

Springen wir zur Pyramide von El Tajin in Mexiko. Wozu diente die nochmal? «It is a typical pyramid built for sacrificial purpose toward Apollo.» Aha. Apollo also, der Sohn des Zeus, im alten Mexiko. Aber mal was anderes: Wieso heißt die Pyramide nicht Pyramide, sondern: «El Tajin Building of the Colamns»? Und wohin geht es, wenn man dem Wegweiser «tne shewolf Fed Twins» folgt, in der «Europe area»? Bzw. erst mal: In welchen Zungen spricht der Chinese hier zu uns?

Wenigstens das ist schnell beantwortet. Die Sprache nennt sich Chinglish, ein Wort, das zusammengesetzt ist aus ... Sie verstehen? Es gibt Chinglish in einer Lightversion, die immer noch verständlich ist. Da liest man auf einer Tüte mit chinesischen Maultaschen «Pumplings» statt «Dumplings» und an Behindertentoiletten «Facilitifs Disabled Person». Ausländer machen sich gerne über diese «Fehler» lustig. Der deutsche Sinologe Oliver Lutz Radtke hat sogar zwei Chinglish-Bilderbücher herausgebracht, die sich mittlerweile zehntausendfach verkauft haben, hauptsächlich an Ausländer in China. In den bunten Bändchen hat er Fotos von herausragenden Chinglishbeispielen versammelt, wie «Mustard Ham artherosclerosis» als Gericht auf einer Speisekarte, die Aufforderung «Have a dog» auf einer Hinweistafel in Lhasa oder ein typisch antidemokratisches Schild an einem Teich in Chongqing: «Do not vote in the pool.»

Doch anders als die meisten plädiert Radtke dafür, Chinglish ernst zu nehmen. «Ich bin», so schreibt er im Vorwort seines zweiten Buchs «Speaking in tongues», «mehr als je zuvor davon überzeugt, dass Chinglish bleiben muss. Es gibt uns einen Einblick in das Denken der Chinesen ...»

Letzteres ist natürlich vollkommen richtig. Allerdings wird Chinglish so oder so nicht untergehen. Schließlich sind die Chinesen erstens nicht blöd und könnten sich zweitens problemlos professionelle Übersetzer leisten. Weil sie das aber nicht tun, bin ich mir sehr sicher: Sie schreiben mit Absicht falsch, genauso wie sie die Fehler im Weltpark auch extra machen.

Einen Hinweis, der meine These stützt, fand ich neulich in unserer Nachbarschaft. Hier, in der «Elite»-Sprachschule, unterrichtet man nämlich nicht nur einfach Englisch, sondern gleich vier Englische, darunter das «Elite Chic English». Ich glaube, dass Absolventen dieses Kurses ihren Klamottenladen «That person is according to the clothing» nennen oder ihr Modemagazin «Frends». Die «Elite Business English»-Schüler dagegen schreiben über die Kassen ihrer Supermärkte nicht mehr Cashier, sondern «Chamberlain»; wohingegen das «Elite Star English» von Hoteliers und Restaurantbesitzern bevorzugt wird. In diese Hardcorevariante mischt man auch ein paar andere Sprachen, Französisch etwa, dazu ein paar südamerikanische Städtenamen, und auf der Speisekarte steht dann «D'œuvres» für Vorspeisen, «Flavor Genus» für lokale Spezialitäten. An Whirlpools findet sich die Aufforderung «Don't put your pool Guocao, meals, portable and cotton towels into the pool» und auf Hotelzimmerchipkarten ein Satz wie: «Please save front desk of the Valparaiso.» Nehmen Sie sich jetzt bitte zehn Minuten Zeit, um darüber nachzudenken, was die beiden letzten Sätze bedeuten könnten. Fertig?

Weiter zur hohen Chinglish-Schule, dem «Elite Talent English». Wer das beherrscht, verkauft vermutlich verkleinernde Haushaltsgeräte («diminutively white goods») und «Buddna Sheen cocklofts», die sich gewaschen haben. Bevor ich aber erkläre, was das sein könnte, wollen wir uns noch schnell fragen, weshalb die Chinesen nicht das echte Englisch lernen und benutzen? Ich vermute, dafür gibt es mehrere Gründe. Erstens: um Nichtchinesen wie nebenbei an ihre historischen Fehler zu erinnern (Chamberlain = Münchener Abkommen = Appeasement-Politik). Zweitens: weil ihnen das englische Englisch zu farblos ist. Warum auch sonst sollte das Motto der Elite-Sprachschule lauten: «Color your English»? Und weil drittens

Mein liebstes Chinglish-Schild: im Pool mit Guocao.

ein Chinese, der in einem schicken, neuen Bürogebäude sitzt, an dem «Leader space of international» steht, fest daran glaubt, dass ihm der nichtchinesische Rest der Menschheit den Buckel runterrutschen kann. Kann er auch, denn lacht ein Ausländer über die seltsame Formulierung, kauft der Mann im Führerraum einfach seine Firma auf und schmeißt sie raus, die lustige, lange Nase.

Darum ist Chinglish auch nicht falsch oder gar zum Lachen, sondern Weltsprache. Jeder wird es in spätestens zwanzig Jahren sprechen. Sie sollten schon mal anfangen umzulernen. Hier haben Sie die ersten Vokabeln: Valparaiso = Wertsachen (die Sie bitte an der Rezeption deponieren). Marble = berühmter Architekt, Erbauer der Hagia Sophia. Charles Ting = oströmischer Kaiser. Ihre erste Hausaufgabe aber lautet:

Kriegen Sie raus, was ein «Guocao» ist, den oder die man nicht mit in den Pool nehmen darf. Wer als Erster die Lösung an den Verlag schickt, erhält ein Exemplar meines Buches «Universalsprache Chinglish» geschenkt, das voraussichtlich im Jahr 2018 erscheinen wird. Schon jetzt vielen Dank für Ihre Teilnahme bzw. «thank you for a long time before our support».

24 Topfpflanzen in Peking

Können Sie mich überhaupt lesen? Falls nicht, müssen Sie mal über die Seite pusten, denn wahrscheinlich sind die Buchstaben völlig zugestaubt mit original Pekinger Staub. Besser? Dann kann's ja losgehen. Zunächst einmal Entschuldigung für den ganzen Dreck. Aber in Peking kann man so viel putzen, saugen und fegen, wie man will, der Staub ist nicht in den Griff zu kriegen.

Der Grund dafür ist, dass es hier praktisch nie regnet, zieht man zwei bis drei Monate im Sommer ab. Die unglaubliche Trockenheit verwandelt eine achtlos auf dem Sofa liegengelassene Melone über Nacht in eine Rosine und lässt empfindliche Nasen wegen Schleimhautexitus unvermittelt bluten. Zwar gibt sich unsere Regierung alle Mühe, der Dürre Herr zu werden. So hat sie zum Beispiel fünftausend spezielle Raketenabschussrampen stationiert, mit denen Silberjodid-Teilchen in die vorüberziehenden Wolken geschossen werden, um sie zum Abregnen zu bringen. Aber was nützt das schon, wenn sich am Himmel kein Wölkchen blicken lässt? Am schlimmsten ist es im Frühling, denn dann brechen obendrein die Sandstürme über die Stadt herein. Von denen gibt es pro Jahr zwischen neun und neunzehn. Der Sand kommt aus den Wüsten im Westen Chinas, der Gobi in der Mongolei und der Taklamakan im fernen Xinjiang. 2006 brachte einer dieser Stürme dreihunderttausend Tonnen Sand mit, die in bloß einer Nacht auf Peking rieselten. Im Grunde sind die Sandstürme aber Staubstürme, weil der Sand so superfein ist. Mühelos fliegt er um den halben Erdball. So haben Wissenschaftler chinesischen Wüstenstaub auf französischen Alpengipfeln gefunden. Er war in nur zwei Wochen über den Pazifik, die USA und den Atlantik dorthin gereist, ohne Flugticket und Einreisevisum, versteht sich.

Eigentlich machen mir die Sandstürme nichts aus. Im Gegenteil. Sie sind eine willkommene Abwechslung nach dem niederschlaglosen Winterklimaeinerlei. Und wer einmal durch die Sechzehn-Millionen-Stadt Peking gegangen ist, ohne wegen der Staubwolken auch nur einen einzigen Menschen zu sehen, wird diese wunderbare Erfahrung nicht so schnell vergessen. Auch wenn nach den Stürmen die Stadt mit gelbem Puderzuckerstaub überzogen ist, sieht das ganz hübsch aus. Und nach zwei Wochen ist der ganze Zauber sowieso vorbei. Damit beginnt allerdings das eigentliche Problem. Der Staub emigriert in die Wohnungen. Er schleicht sich durch Ritzen und Türen in die Häuser, wo er sich mit dem endemischen Staub verbrüdert. Über Nacht verwandeln sich die zahlreichen Bataillone von Staubmäusen in Staubelefantenarmeen, die Tische, Stühle und Betten belagern. Selbst lethargische Kinder sind schnell mal eingestaubt, wenn ihre Eltern sie nicht zum Spielen zwingen. Alteingesessene Pekinger wissen sich zu helfen, indem sie alles, was sie besitzen, verpacken. Sie verstauen Hausrat, Bücher oder Kleidung in luftdicht abgeschlossenen Schränken, Glasvitrinen, in Kartons oder Plastiktüten. Sie nähen oder häkeln ihren Fernsehern, Computern, Toastern und Klavieren fesche Überzüge, Mäntelchen und Mützchen. So wirkt das Innere von Altpekinger Wohnungen meist so gemütlich wie ein großes Warenlager.

Ha, ha, lachte ich, als ich von Singapur nach Peking kam, ihr Mini-Christos mit eurem kleinbürgerlichen Verpackungswahn, ihr habt sie doch nicht mehr alle. Ich dachte auch gleich daran, meine neuen Mitbürger mit einem bissigen Text kräftig zu verspotten. Als ich allerdings in meinem Regal ein paar Bücher nicht mehr finden konnte, weil die Rücken so verstaubt waren, begann ich zu überlegen, ob ich nicht selbst anfangen sollte, zu häkeln und zu verpacken. Das aber konnte ich mir sparen, weil der Sommer nahte. Gegen Mitte oder Ende Mai nämlich strömen Monsunwinde aus dem Süden in die Pekinger Bucht. Von einem Tag auf den anderen wird es tropisch heiß, und es regnet jeden zweiten Tag. Der Staub auf den Straßen wird sofort weggeschwemmt, und der in der Wohnung verwandelt sich in eine klebrige, graue Masse, die zum Schimmeln neigt.

Dann kann man sehen, wie die Pekinger alles wieder auspacken und ausbreiten, wie sie Ventilatoren aufstellen oder Fächer in die Hand nehmen und verzweifelt versuchen, ihren Computern, Klavieren und Büchern Luft zuzufächeln. Es hat sich meines Wissens noch kein Ethnologe mit diesem Phänomen beschäftigt: Aber eventuell ist ja dieser Wetterextremismus der eigentliche Schlüssel zum unermüdlichen Fleiß der Chinesen. Das heißt wahrscheinlich auch, dass wir Europäer nichts dringender brauchen als eine anständige Klimakatastrophe, wenn es mit der Wirtschaft wieder aufwärtsgehen soll.

PS: Eigentlich sollte an dieser Stelle ein viel interessanterer Beitrag zum Thema Topfpflanzenpflege unter den besonderen Pekinger Bedingungen stehen. Die elenden Topfpflanzen sind im letzten Jahr aber leider alle eingegangen. Ein Teil wurde vom Staub erstickt, den Rest hat die Saunahitze im Sommer erledigt. Die Überschrift wurde beibehalten, um an meine Topfpflanzen zu erinnern. Ein Topfpflanzenmahnmal sozusagen.

25 Mein erster Reiseführer

Wer in Peking wohnt, der bekommt mehr Besuch als jemand in Frankfurt oder Dortmund. Die Feuilletons in Deutschland schreiben ja auch zu farbig und verlockend über unsere «Megametropole» (Die Zeit, 49/02) bzw. «Megametropole» (Die Zeit, 50/02) oder eben auch «Megametropole» (Die Zeit, 25/05) respektive «Megametropole» (Die Zeit, 20/07). Andererseits wird sie auch als «Mega-Metropole» (Berliner Morgenpost, 14. April 2003) beschrieben oder als «Mega-Metropole» (Deutschlandfunk, 2. August 2008) oder aber – gewagt, gewagt – als «Mega-Metropole der Gegensätze» (Tagblatt, Schweiz, 26. Juli 2008). Andere allerdings apostrophieren unsere Stadt schlicht als «Mega-City» (sueddeutsche.de, 23. Februar 2007) bzw. «Mega-City der Gegensätze» (max.de City Guide, ohne Datum) respektive voller Understatement als «Mega-City Peking – so groß wie ganz Thüringen» (Bild, 30. Juli 2008). In Deutschland weiß man also Bescheid.

Ich habe eigentlich kein Problem mit den vielen Gästen aus den verschiedenen Elendsregionen dieser Welt (Deutschland, Österreich, Schweiz). Es nervt nur, dass ich sie vor dem Besuch jedes Mal in langen E-Mail-Aufsätzen darüber aufklären muss, dass in Peking doch so manches anders ist als auf Gomera. Dem soll dieses kleine Kapitel abhelfen, an welchem sich doch bitte alle zukünftigen Besuchergenerationen orientieren mögen.

Es geht schon bei der Ankunft los. Vergessen Sie bitte den Satz: «Ich nehme am Flughafen ein Taxi und komme dann zu dir.» Sie können es probieren. Die Pekinger Taxifahrer sprechen aber kein Englisch und auch nicht das, was Sie in Lautschrift von Ihrem Zettel ablesen und für Chinesisch halten. Und selbst wenn Sie in Bochum zwanzig Semester Sinologie studiert haben und Ihr Ziel korrekt benennen können, nützt Ihnen das gar nichts. Taxifahrer kennen hier keine Anschriften, und Stadtpläne lesen sie aus Prinzip nicht. Sie orientieren sich grob am Stand der Sonne, dem Vogelflug und den Gezeiten. Wer also keinen Wert auf eine mehrstündige Odyssee durch Baustellenlandschaften legt, der bleibe wie angenagelt am Flughafen stehen und warte entweder auf Rettung, d.h. auf mich und meine gutaussehende Dolmetscherin, oder er nehme den tollen neuen Airport-Express in die City. Nur: An der Endhaltestelle steht man dann vor demselben Problem.

Gehen wir dann zusammen essen, kommen Sie mir bitte nicht mit: «Kein Problem, ich esse alles.» Das tun Sie nicht, ich weiß es. Sie essen keine kalten Entenzungen in Öl, keine Fischaugen, keine hundertjährigen Eier, keinen Schweine-Uterus und auch nicht lebendig ins Kochwasser geschmissene Frösche, die Ihnen noch aus der Suppe verzweifelt zuwinken. Sie wollen ganz sicher keine Qualle, keine Schweinefüße, keine

Schwarte, Sie wollen weder Rinderpenis noch stinkenden Tofu auf Ihrem Teller sehen. Wahrscheinlich mögen Sie auch keinen «unsterblichen Fisch», dessen Kopf in ein nasses Handtuch eingeschlagen wurde, damit er den Kochvorgang überlebt. So kann der Fisch, wenn er serviert wird, Ihnen mit großen Augen zusehen, wie Sie den Rest seines leckeren Körpers verzehren. Falls Sie das aber alles doch mit Begeisterung zu sich nehmen würden, dann ist der mit etwa fünfhundert getrockneten Chilischoten zubereitete Fisch garantiert zu scharf; oder Sie haben eben die deutsche Modekrankheit Koriander-Allergie.

Vergessen Sie bitte auch Ihre guten Manieren Damen gegenüber. Wenn Sie sich schon auf dem Platz des Himmlischen Friedens, auf der Wangfujing oder sonst wo von jungen, süßen Mädchen ansprechen lassen müssen, dann laden Sie diese nicht zu Getränken ein. Falls Sie partout nicht widerstehen können, werfen Sie um Himmels willen vorher einen Blick auf die Getränkekarte. Denken Sie nicht: «Ach, das Bier kostet nur vier Euro. Dann werden die doppelten Whiskys, die diese niedlichen, unschuldigen Geschöpfe gerade in sich reinkippen, auch nicht so teuer sein.» Zwei meiner Freunde zahlten für nichts als zwei Stunden Schäkerei am Ende genau dreitausendneunhundertachtzig Yuan (inkl. hundert Yuan Kreditkartengebühr), das sind mehr als vierhundert Euro.

Sollten Sie aber selbst eine Dame sein, dann lassen Sie doch Ihre hochhackigen Schuhe zu Hause. Die Pekingerinnen können auf unseren Schlaglochbürgersteigen damit laufen, nicht aber Sie! Das werden Sie spätestens dann bemerken, wenn Sie mit mir im Wartesaal des Military General Hospital sitzen und großformatige Farbfotos anstarren, auf denen ein Ärzteteam stolz demonstriert, dass es nunmehr auch das Zuschneiden eines künstlichen Darmausgangs aus dem Effeff beherrscht.

Erzählen Sie bitte auch keinem von uns Ausländern, Sie würden Peking kennen, weil Sie hier vor vier Jahren mal gewohnt haben. Die Stadt wurde in der Zwischenzeit dreimal abgerissen und komplett anders wiederaufgebaut. Und lernen Sie vor Ihrer Ankunft doch wenigstens die zwei wichtigsten Sätze auf Hochchinesisch, denn das ist die Sprache, die hier gesprochen wird, nicht Kantonesisch wie zu Hause in Ihrem Chinarestaurant.

Der erste Satz lautet: «Bu yong, xie xie», das heißt: «Möchte ich nicht, danke!» Mit diesen drei Vokabeln werden Sie alle Trishaw-Fahrer, Fake-Rolex- und Yellow-DVD-Verkäufer viel schneller los, als wenn Sie es in Gebärdensprache versuchen. Noch wichtiger ist aber die zweite Wendung: «Ni hao. Wo gei nimen dai le hao dongxi.» Sie sollten diesen Satz sagen, wenn Sie in unserem Wohnzimmer stehen. Er bedeutet: «Guten Tag. Ich habe euch diese schönen Sachen mitgebracht.» Wir nehmen sehr gerne Haribo-Konfekt, Orange Intense Dark Chocolate aus der Excellence-Reihe von Lindt, echten Champagner und Fischerdübel. Diese Produkte gibt es zwar auch im Ausländersupermarkt um die Ecke, aber wir müssen Geld dafür bezahlen, was wir sehr ungern tun.

Wenn Sie alle diese Punkte beherzigen, dann sind Sie bei uns ein gerngesehener Gast und dürfen zwei Tage bleiben. Sollten Sie dann aber wieder nach Hause verduften, nehmen Sie doch bitte auch Ihre Kampfstiefel (Größe 48) mit.

IV Oberstufe

26 Herr Zhao heißt nicht Fick

Wer trotz längeren Aufenthalts in China immer noch nicht Chinesisch sprechen kann, der ist entweder sehr dumm oder in die falschen Kreise geraten. Oder aber er hat das Chinesischlernen immer wieder vor sich hergeschoben, weil er noch schnell ein paar Artikel, Kolumnen oder Bücher über China schreiben musste, so wie ich. An der chinesischen Sprache selbst kann es jedenfalls nicht liegen, denn die ist trotz aller hartnäckigen Gerüchte eigentlich nicht besonders schwer. Sie ist nicht mit unnötiger Sprachschlacke wie Artikeln belastet und verfügt über eine nur rudimentäre Grammatik. Man dekliniert hier weder, noch konjugiert man, und unterschiedliche Zeiten gibt es praktisch auch nicht.

Nein, selbst die Aussprache ist keine unüberwindliche Klippe. Zwar ist es richtig, dass die Betonung und die Tonhöhe im Chinesischen eine wichtige Rolle spielen, allein weil es eine Vielzahl Homonyme gibt. Das wird in jedem Standard-Spiegel-online-Artikel am Ma-Beispiel demonstriert. Da liest man dann, dass «Ma ma ma ma ma?» so viel wie «Schimpft die pockennarbige Mutter das Pferd?» bedeutet. Die unterschiedlichen «Ma» werden dabei jeweils anders betont, damit das Pferd eben nicht die Mutter ist. Man könnte aber mit «Ma» noch viel mehr lustige Sätze bauen, denn dieses Wort hat allein zwanzig verschiedene Bedeutungen, darunter «Mammut», «Kröte», «Achat», «Ameise» und «Hanf». Nimmt man das Wort

«Li», kann man sogar unter mehr als hundert verschiedenen Übersetzungen wählen, unter anderem «Witwe», «Schweinestall», «Pflug», «Brautschleier», «Aal» sowie die Abkürzung für «Libanon». Doch solche Homonymgewitter kommen im Chinesischen so häufig vor wie im Deutschen die Fischers-Fritze-Zungenbrecher.

Ich zum Beispiel kann mir keine Betonungsregeln merken und rede einfach drauflos. Dabei versuche ich den Tonfall der Einheimischen nachzuahmen, und das geht manchmal gut. Wenn nicht, ist es auch keine Tragödie. Ist mein Gegenüber nicht auf den Kopf gefallen, wird er schon aufgrund des Kontextes verstehen, dass ich kein Mammut brauche, sondern Hanf bzw. «da ma», Marihuana. Ich habe jedenfalls in China bisher noch alles bekommen, was ich wollte. Gut, sagen wir mal, fast.

Außerdem sind die insgesamt vier Töne, die es im Hochchinesischen gibt, keine große Herausforderung. Im Kantonesischen – das man in einigen Gegenden Südchinas und in Hongkong spricht – gibt es neun Töne, wobei es hier auch noch auf die Tonlänge ankommt. Die Hochchinesisch Sprechenden nennen denn auch diese Abart des Chinesischen «Vogelsprache», weil sie meinen, dass es mehr geflötet und gezwitschert wird. Ich finde allerdings, sie müsste Ziegen- oder Entensprache heißen, denn Kantonesisch wird gemeckert und gequäkt. Das Hochchinesische klingt dagegen sehr angenehm und melodisch. Es heißt übrigens auch nur in einigen europäischen Sprachen «Mandarin». Auf Hochchinesisch sagt man «Putonghua», Allgemeine oder Standardsprache, die weitgehend mit dem in Peking gesprochenen Dialekt identisch ist (siehe auch: «Der Mann, den sie Berg nannten», S. 50).

Die zig verschiedenen chinesischen Dialekte sind ein weiterer Grund, weshalb man sich als Chinesischanfänger wegen der korrekten Betonung einzelner Silben keine grauen Haare wachsen lassen sollte. Schon ein paar Kilometer außerhalb von Peking spricht man ein solch schreckliches Chinesisch, dass mein geradebrechtes Putonghua in den Ohren alter Pekinger wie Musik klingt. Hochchinesisch und Kantonesisch gelten einigen Sprachwissenschaftlern gar als unterschiedliche Sprachen, die zwar einen gemeinsamen Stamm haben, aber sonst so weit auseinander sind wie etwa Spanisch und Französisch. Wenn die Chinesen selbst schon sprechen, wie sie wollen, darf ich das wohl auch.

Wegen des allgemeinen Sprachkuddelmuddels wird in China aber bis heute an den Schriftzeichen festgehalten, weil die für alle Chinesen – im Prinzip zumindest – dieselben sind. Ein weiterer Vorteil ist, dass die Zeichen auf dem Papier nicht so viel Platz verbrauchen. Da auch chinesische Sätze sehr viel kürzer sind als englische oder deutsche, sind z.B. chinesische Bücher auch sehr viel dünner als anderswo. Das ist bisher wohl Chinas größter Beitrag zur globalen Ökologiebewegung.

Andererseits sind es die fünfzigtausend bis achtzigtausend Schriftzeichen, die aus dem Chinesischen dann doch noch eine schwere Sprache machen, auch wenn man sich nur dreitausendfünfhundert merken muss (vgl. «Ohne eingebauten Kompass», S. 59). Diese Schriftsprache ist so schwierig, dass noch nicht einmal jeder Sinologe sie lesen kann. Das stellte sich einmal mehr im Jahr 2008 heraus, als die deutsche Max-Planck-Gesellschaft auf dem Titel ihrer Zeitschrift Max-Planck-Forschung einen chinesischen Text abdruckte, der «heiße Mädchen» anpries – offensichtlich Werbung für eine Karaoke-Bar oder einen Puff. Weil einige Chinesen darüber ihr Unverständnis äußerten, entschuldigte sich die Redaktion der Zeitung mit der Behauptung, der Text sei vor Abdruck von einer Sinologin geprüft worden. Er habe aber eine «tiefere Bedeutungsebene», die sich selbst einem Muttersprachler nicht sofort erschließen würde. Dazu bemerkte der Kolumnist Alex Lo in der South China Morning Post: Worum es in dem Text gehe, sei jedem klar, «der auch nur über rudimentäre Chinesisch-Kenntnisse verfügt. Es gibt keine tiefere Bedeutung als die Sache, für die geworben wird.» Der spitzzüngige Herr Lo fragte sich angesichts dieser kleinen Affäre, ob der Terminus «deutscher Sinologe» nicht eventuell ein «Oxymoron» sei, ein Widerspruch in sich.

Wenn aber noch nicht einmal Leute eine Sprache lesen können, die sie jahrelang studiert haben, zeigt das letztlich, dass das ganze Schriftzeichensystem ineffektiv, unvernünftig und vorsintflutlich ist. Das wissen natürlich auch viele Chinesen. Deshalb gab es in den letzten hundert Jahren immer wieder Versuche, die Zeichen abzuschaffen und sie durch ein phonetisches Alphabet zu ersetzen. In Vietnam, wo die Landessprache auch mit Schriftzeichen geschrieben wurde, glückte diese Reform bereits im 17. Jahrhundert. In China stellten sich vor allem die Aktivisten der revolutionären «Vierter-Mai-Bewegung» von 1919 an die Spitze der Schriftreformbefürworter, darunter der berühmte Schriftsteller Lu Xun. Der erklärte höchst dramatisch: «Wenn die Zeichen nicht abgeschafft werden, wird China untergehen.» China ging aber nicht unter, und der Letzte, der versuchte, die Zeichen durch ein Alphabet zu ersetzen, war Mao Tse-tung. Doch auch der Große Vorsitzende scheiterte an der Vielzahl von Problemen, die eine Umstellung mit sich bringen würde.

Um ein phonetisches Alphabet in China durchzusetzen, müsste man sich nämlich erst einmal auf eine verbindliche Aussprache einigen. Dazu wurde 1913 in Peking die erste «Konferenz zur Vereinheitlichung der Aussprache» einberufen, auf der sich Nord- und Südchinesen schwer bekämpften. Schließlich scheiterte die Konferenz, als sich ein Vertreter der Nordchinesen tödlich beleidigt sah. Ein Südchinese hatte im Shanghaier Dialekt von einer «Rikscha» gesprochen, der Nordchinese aber «Schildkrötenei» verstanden, ein übles Schimpfwort, das er auf sich bezog. Der Nordchinese konnte gerade noch von einer Prügelei abgehalten werden, verließ aber stante pede die Konferenz.

Einigen Reformern war damals bereits klar, dass sich Nord- und Südchinesen niemals auf eine einheitliche Aussprache einigen würden. Sie schlugen deshalb vor, das Chinesische gleich ganz abzuschaffen und es durch Esperanto zu ersetzen. Eine exzellente Idee, der leider niemand folgen wollte. Die verschiedenen chinesischen Dialekte blieben und damit leider auch die Zeichen.

Die werde ich in diesem Leben gewiss nicht mehr lernen, weil es einfach zu viele sind. Immerhin wurde aber 1956 eine verbindliche phonetische Umschrift auf Basis des lateinischen Alphabets für das Hochchinesische eingeführt, das sogenannte Pinyin. Das ist für Anfänger und Halbchinesen wie mich zum Chinesischlernen gut zu gebrauchen. Etwas Pinyin zu beherrschen kann übrigens keinem schaden, auch dem nicht, der kein Chinesisch lernen will. Schließlich sollte man wissen, wie chinesische Namen ausgesprochen werden, allein um keinem Vertreter der zukünftigen Weltmacht Nummer eins zu nahe zu treten. Ein Bekannter von mir, der in Deutschland lebt, heißt mit Nachnamen Zhao. Das wird auf Chinesisch ungefähr wie «Dschao» ausgesprochen. «Die Deutschen aber», klagte mir Herr Zhao, «sprechen meinen Namen immer nur wie ‹Cao› aus.» Cao aber ist – entsprechend betont – das umgangssprachliche Wort für Geschlechtsverkehr treiben, und so heißt Herr Zhao in Deutschland nur «Herr Fick». Manchmal kommt es im Chinesischen eben doch auf die präzise Aussprache an.

Allerdings verstehen sich in China nicht nur die Sprecher unterschiedlicher Dialekte miss. So wird im Hongkonger Parlament, dem Legco, nur Kantonesisch gesprochen. Trotzdem kam es hier zu einem heftigen Disput, als sich im Januar 2009 Chief Executive Donald Tsang während einer aktuellen Fragestunde angeblich zu einem kantonesischen Schimpfwort hinreißen ließ, das sinngemäß so etwas wie «Bullshit» bedeutet. Im später veröffentlichten Protokoll war aber statt des Kraftausdrucks nur das Wort «Debatte» zu lesen. Der Abgeordnete Leung «Long Hair» Kwok-hung (vgl. «Im Spaßreservat», S. 82) forderte daraufhin den Rücktritt Tsangs, da er das Protokoll habe fälschen lassen. Ein Regierungssprecher dementierte und bekräftigte noch einmal, Tsang habe «Debatte» gesagt. Tatsächlich klingen im Kantonesischen die Worte «Bullshit» und «Debatte» so ähnlich, und tatsächlich ist es ja auch oft dasselbe. Donald Tsang kam jedenfalls dieser Gleichklang zu Hilfe, und er trat nicht zurück. Long Hair und ich aber wetten weiter: Er hat «Bullshit» gesagt.

27 Ich rieche, rieche Menschenfleisch

Während der Olympischen Spiele in Peking kamen Tausende von ausländischen Journalisten nach China, die zuvor noch nie hier waren. Statt die Gelegenheit zu nutzen, sich erst einmal in unserer prächtig herausgeputzten Hauptstadt umzusehen, setzten sich einige von ihnen als Erstes an die Rechner im Olympiapressezentrum und klickten Dalai-Lama- und Falun-Gong-Seiten an. Als sie daraufhin nur die hierzulande übliche Fehlermeldung zu sehen bekamen («Connection interrupted»), schrieben sie feurige Artikel für die Zeitungen zu Hause, in denen sie die chinesische Internetzensur geißelten. Eigentlich aber hätten sie schreiben müssen: «Wir sind zu doof.» Wer nämlich nur ein bisschen über das Internet in China Bescheid weiß, der lädt sich Software runter, mit der man über Proxyserver sämtliche Internetblockaden des «Great Firewall of China» einfach umgehen kann. Zensur ist deshalb auch der falsche Name für das, was mit dem chinesischen Internet geschieht. Es sollte Fortbildungsmaßnahme oder Intelligenztest heißen.

Nur die Ungebildeten müssen sich vorerst noch mit gefilterten Informationen begnügen. Das ist wahrscheinlich auch ganz gut so, sieht man sich einmal an, was auf den Seiten steht, die die Journalisten im Olympiapressezentrum unbedingt lesen wollten. Auf den gesperrten Falun-Gong-Seiten wie der deutschsprachigen minghui.de beispielsweise finde ich auf den ersten Blick nur wirres Zeug: «Alle störenden Gottheiten innerhalb der Drei Weltkreise, die sich an der Störung der Fa-Berichtigung beteiligt haben, umfassend auflösen», heißt es da fordernd, oder: «Multikultivierende, bitte lasst das menschliche Herz los.» Was diese Sätze bedeuten sollen, bleibt so dunkel, wie es klingt, denn die Links, hinter denen sich eine Auflösung verbergen könnte, funktionieren nicht – weder in China noch in Deutschland.

Vielleicht sind daran Dämonen schuld, über die der in den USA lebende Falun-Gong-Boss Li Hongzhi in der Sektenbibel «Zhuan Falun» schreibt: «Mancher Dämon erscheint in Form von Informationen aus einem anderen Weltraum, damit irgendeine Sache in dem Moment, wo du dich zum Praktizieren hinsetzt, als Störung auftritt ... Manchmal kommt es ... zu Stimmengewirr wie zum Beispiel zu Geräuschen von Fußschritten, zum Zuknallen einer Tür, Hupen von Autos, Klingeln von Telefon usw., sodass du nicht in der Lage bist, zur Ruhe zu kommen.» Ja, diese Dämonen gibt es hierzulande tatsächlich sonder Zahl, und ich kenne sie sehr gut. Doch dachte ich bisher, sie kämen aus der Pekinger Innenstadt und nicht aus einem anderen Weltraum.

Aber die Falun-Gong-Dämonen haben noch mehr drauf, als nur Krawall zu machen. So ermuntern sie beispielsweise zum «Eigensinn», einer üblen Sache. «Ein Universitätsstudent», schreibt Meister Li uns zur Warnung, «hatte die Fähigkeit zur Gedankenkontrolle entwickelt. Diese Kultivationsfunktion kann dazu benutzt werden, mit seinem Denken die Gedanken anderer zu steuern. Und er benutzte diese Funktion, um Schlechtes zu tun. Manche Praktizierende bekommen bei ihrer Praxis Visionen zu sehen. Nun wollen sie unbedingt sehen, was sie sind und was tatsächlich passiert ist. Das ist auch eine Art Eigensinn.»

Sehen, was tatsächlich passiert, und «Eigensinn» – offenbar so etwas wie selbständiges Denken –, das sieht Li

Hongzhi nicht gerne. Er selbst dagegen kann recht eigensinnig sein. So rät er beispielsweise seinen Anhängern von Besuchen westlicher Ärzte ab, denn einem Falun-Gong-Praktizierenden könnten von Dämonen verursachte Krankheiten nichts anhaben. Grund: «weil ich schon eine Schutzkappe mit hoher Energie um deinen Körper gelegt habe».

Der durchschnittliche chinesische Surfer interessiert sich aber sowieso nicht für die Falun-Gong-Seiten. Er ist in der Regel ziemlich jung und nutzt das Internet zum Filme gucken oder Egoshooter und Adventures spielen. Popkart und World of Warcraft gehörten 2007 zu den fünf beliebtesten Multi-Player-Games in chinesischen Internetcafés, Counter Strike führte die Liste bei den Single Playern an. Viele spielen nur zum Spaß, aber manche verdienen so auch ihren Lebensunterhalt. Etwa hunderttausend junge Chinesen, so weiß die New York Times, arbeiten online auf sogenannten Goldfarmen, youxi gongzuoshi, wo sie virtuelle Münzen erwerben, mit denen man virtuelle Waffen oder Rüstungen kaufen kann. Die Chefs dieser Online-Spieler verkaufen dann die virtuelle Währung gegen echtes Geld ins westliche Ausland oder nach Japan oder Korea und zahlen davon ihren Angestellten das Gehalt. Vollkommen irrsinnig ist, dass ausgerechnet diese Internetsklaven nach einem zwölfstündigen Arbeitstag am Bürorechner noch in ein Internetcafé gehen, um dort «zur Entspannung» weiterzuspielen. Internetcafés sind in China meistens keine kleinen Butzen, sondern riesige Hallen, oft mit Hunderten von Rechnern. An einer Bar kann man Getränke kaufen oder kleine Snacks und Instantnudelsuppen, denn viele Surfer sitzen tagelang vor den Rechnern und essen und schlafen auch in den Sesseln. Im ersten Quartal 2010 hatte QQ, ein Instantmessenger wie AIM oder Skype, 568,6 Millionen aktive User Accounts. Damit ist dieser in der nichtchinesischen Welt weitgehend unbekannte Messenger der größte in der Welt. Er hat sogar mehr Nutzer als Facebook (vierhundert Millionen Accounts im Juli 2010). Nicht alle, aber die meisten QQ-Nutzer sind Festlandchinesen. Von diesen waren Ende Mai 2010 vierhundertsiebzehn Millionen registrierte Internetnutzer, mehr als in jedem anderen Land auf diesem Planeten. Wenn man Liu Zhenrong, dem stellvertretenden Direktor des staatlichen Internetbüros, glauben darf, kommen täglich zweihundertvierzigtausend dazu. Nicht jährlich, monatlich, wöchentlich. Täglich! Und überall in China sieht man QQ-Nummern. Sie stehen auf Visitenkarten oder werden zum Zwecke der Werbung für sich selbst oder die eigenen Produkte sogar an entlegene Felswände in Tibet oder Yunnan gesprüht. Natürlich wird nicht nur gechattet, sondern auch in Foren gepostet, und es wird gebloggt, was die Tasten hergeben. Nach Angaben der South China Morning Post haben zweiundvierzig Prozent aller Internetchinesen auch ein eigenes Blog. Die Chinesen kommunizieren eben gerne. Nur gut, dass man das Internet nicht hören kann, denn allein das chinesische Netzgeschnatter wäre wohl laut genug, um das gesamte Universum zum Einsturz zu bringen. Und worüber wird sich da die ganze Zeit so munter ausgetauscht?

Auf jeden Fall wird viel geflirtet. Jungs und Mädchen sitzen in verschiedenen Internetcafés und schmachten sich via Kamera und Bildschirm gegenseitig an. Unerklärlich ist allerdings, weshalb sie sich nicht mal ihren Sitznachbarn zuwenden ... Gebloggt, so weiß ein Marktforschungsunternehmen, wird hauptsächlich über Prominente, Entertainment, Lifestyle und Persönliches. Politisch engagierte Menschen organisieren auch gerne online den Boykott ausländischer Produkte, und zwar immer dann, wenn ihnen die Politik eines bestimmten Auslands nicht passt. So wird jedes Mal ein Boykott der auch in China sehr stark präsenten französischen Supermarktkette Carrefour organisiert, wenn in Paris mal wieder antichinesisch randaliert wird oder Nicolas Sarkozy den Dalai Lama trifft. Allerdings bricht die Boykottfront regelmäßig zusammen, weil die französischen Supermarktoffiziere mit besonders attraktiven Sonderangeboten kontern. Wenn etwas sehr billig ist, streicht auch der patriotischste Chinese die Segel.

Erfolglose Boykottaufrufe gibt es auch in anderen Ländern. Die «Menschenfleischsuche», renrou sousuo, dagegen ist eine rein chinesische Internet-Spezialität. Gemeint ist das Aufspüren von korrupten Beamten, untreuen Ehepartnern oder Mitbürgern, die sich missliebig geäußert haben, mit den Mitteln des Internet. Praktisch spielt sich eine Suche so ab, dass zunächst das tatsächliche oder angebliche Delikt – oft anonym im Internet begangen – in einem Forum oder Chat bekannt gemacht wird. Es dauert meistens nicht lange, bis dann ein Chatter oder Forumteilnehmer die Parole «Menschenfleisch» ausgibt. Daraufhin machen sich sofort Tausende von «Netizens» an die Arbeit und tragen Details über den oder die Angeklagten zusammen. Meist dauert es nur wenige Stunden, bis sämtliche persönlichen Informationen des Gesuchten bekannt sind: Name, Wohnort, Arbeitsplatz, Personalausweisnummer und Familienverhältnisse. Jetzt kann die Internetgemeinde zur Beschimpfung des an den Pranger gestellten Delinquenten übergehen und seine Bestrafung fordern.

Eine der ersten Menschenfleischjagden fand im März 2006 statt: Gesucht wurde eine junge Frau, die in einem Video ein

Kätzchen mit ihren Stöckelschuhen brutal zu Tode trampelt. Das Video wurde ins Internet gestellt, um für eine DVD mit ähnlichen Tiermordfilmen zu werben. Die Menschenfleischjäger identifizierten zunächst den Ort des Katzenmordes, indem sie den Hintergrund des Videos genau analysierten. Dann fand jemand heraus, dass die Täterin ihre Mordstilettos über eBay erworben hatte. Kurze Zeit später war die Frau als die Krankenschwester Wang Jue aus Luobei in der Provinz Heilongjiang identifiziert. Nachdem sich über diese Frau eine Beschimpfungswelle ergossen hatte, entschuldigte sie sich bei den empörten Tierschützern damit, dass sie geschieden und deprimiert gewesen sei. Sie hätte nicht genau gewusst, was sie mit ihrem Leben anfangen solle, und deshalb die Katze umgebracht. Was man halt so macht, wenn einem mal ein bisschen fade ist.

Noch vehementer als über die Katzenkillerin empörte sich Internetchina jedoch über eine junge Frau, die im Mai 2008 mit Hilfe der kollektiven Menschenfleischsuchmaschine aufgestöbert wurde. Die einundzwanzigjährige Gao Qianhui hatte sich darüber geärgert, dass nach dem großen Erdbeben von Sichuan so intensiv um die achtzigtausend Toten getrauert wurde. Kurzerhand ging sie in ein Internetcafé und besprach dort ihr Videoblog. Mit verschränkten Armen beschwerte sich die ziemlich einfältige Nuss darüber, dass sie aufgrund der staatlich angeordneten Trauer ihre Lieblingsserie nicht mehr sehen könne. Stattdessen kämen dauernd nur Verletzte und verweste Leichen. Wenn wenigstens mehr Leute gestorben wären. Es gäbe doch sowieso viel zu viele Chinesen: «Ich glaube, das Erdbeben war nicht stark genug.» Der Gipfel war dann, dass sie den Erdbebenopfern vorwarf, sich absichtlich ins Fernsehen und ins Internet zu drängen. «Glaubt ihr wirklich, ihr seid so gut aussehend? ... In diesen Tagen kann man wirklich nirgendwo hingehen, ohne an euch dumme Fotzen erinnert zu werden.»

Diese Ausführungen von insgesamt nur dreieinhalb Minuten Länge waren natürlich nicht die feine chinesische Art, und kaum hatte Qianhui sie online gestellt, hatten die Menschenfleischsucher schon alles über sie rausgefunden. Am nächsten Tag wurde sie sogar kurzfristig von der Polizei festgenommen. Am Ende ließ man das dumme Gör erst in Ruhe, nachdem sie selbst, ihr Bruder und ihre Eltern sich bei den Erdbebenopfern mehrmals entschuldigt hatten.

Hatten die beiden Damen es vielleicht noch halbwegs verdient, von den Internetjägern dingfest gemacht zu werden, kann man das im Fall des sogenannten Kappa-Girls eigentlich nicht sagen. Dieser Fall, der im Herbst 2008 erste Schlagzeilen machte, ist wohl der bisher spektakulärste in der noch nicht allzu langen chinesischen Menschenfleischsuchgeschichte. Dabei hatte das Kappa-Girl nichts weiter getan, als ein Pornovideo von sich und ihrem Liebhaber ins Internet zu stellen. Besonders clever war das sicher auch nicht. Im Titel des Videos enthüllte sie gleich mit, dass sie im Shanghai Orient Shopping Center in einem Laden arbeite, der Bekleidung der in China hochbeliebten italienischen Marke «Kappa» verkaufe. So kam das Kappa-Girl zu seinem Namen.

Das Video wurde bald millionenfach heruntergeladen und war, wie die Shanghaier Polizei der Tageszeitung China Daily erklärte, bald eins der populärsten Videos in China überhaupt. So wurde Frau Kappa eine Berühmtheit. Nach chinesischer Art versuchte sie sofort, daraus Kapital zu schlagen. Sie eröffnete ein Blog, in dem sie ankündigte, dass man sie mieten könne: Ein Auftritt in einer Bar koste zwanzigtausend Yuan, ein Exklusivinterview dreißigtausend, und für fünfzigtausend würde sie in Unterwäsche posieren. Dabei zeigt das Video, das sie berühmt machte, nur etwas so Unspektakuläres wie Fellatio – im Internet heutzutage Massenware. Das einzig Bemerkenswerte an dem Film ist wohl, dass der Mann rund zehn Minuten braucht, bis er kommt, obwohl Frau Kappa recht intensiv an ihm herumlutscht. Dafür wurde er auch prompt von einigen Internetkommentatoren bewundert: «Ehrlich», meinte ein Poster im Shanghaier Internetforum KDS, «das Stehvermögen des Kappa-Typen ist nicht schlecht.» Ein anderer gab daraufhin sofort als neue Losung aus: «Veranstaltet keine Menschenfleischsuche nach der Frau, sucht den Mann stattdessen!»

Aber natürlich war man nach wie vor mehr an der Frau interessiert. Vor dem Kappa-Laden in der Shanghaier Shopping-Mall kam es zu Tumulten, als Männerhorden einen Blick auf die berühmte Angestellte werfen wollten. Da hatte das Kappa-Girl jedoch schon längst gekündigt. Am Ende waren es dann auch nicht die Laienfahnder im Internet, die die wahre Identität der Frau enthüllten, sondern die Shanghaier Polizei. Im Dezember 2008 wurde Frau Kappa festgenommen. Bei ihren Karriere-Ambitionen hatte sie schlicht übersehen, dass die Verbreitung von Pornographie in China verboten ist, und sei sie noch so miserabel.

Das Pornoverbot ist natürlich bedauerlich. Allerdings frage ich mich, was wohl passieren würde, würde die Zensur in China von einem Tag auf den anderen abgeschafft. Wahrscheinlich würden das Kappa-Girl und die Katzenkillerin einen Fernsehsender gründen, der bald der populärste im ganzen Land wäre. Dort käme dann auch die Erdbebenberichterstatterin Gao Qianhui unter; sie könnte ja die politischen Kommentare sprechen. Kurze Zeit später würden die Menschenfleischfahnder die Polizeigewalt in China übernehmen, und regieren würde Li Hongzhi, zusammen mit seinen kosmischen Falun-Gong-Kurieren. Dieses China würde eventuell Angela Merkel und Nicolas Sarkozy gefallen. Ich aber müsste mir ein neues Heimatland suchen.

28 Lachende Blinde

Über das Lachen der Chinesen haben sich schon viele Nichtchinesen den Kopf zerbrochen. Tatsache ist: In China lacht man sehr gerne und mehr als in manch anderem Teil der Welt. Die Frage lautet allerdings bis heute: worüber eigentlich? Der Amerikaner Paul Theroux, der viel in China reiste und kompetent darüber schrieb, versucht in seinem Buch «Riding the Iron Rooster», die Lachauslöser zu klassifizieren: «Das chinesische Lachen ist selten eine Reaktion auf etwas Komisches – für gewöhnlich bedeutet es: ‹Ha ha, wir stecken tief in der Scheiße› oder ‹Ha ha, ich wünschte, du hättest das jetzt nicht gesagt› oder ‹Ha ha, ich habe mich noch nie in meinem Leben so elend gefühlt›.»

Zu einem ähnlichen Ergebnis kommen Yu-Chien Kuan und Petra Häring-Kuan, ein chinesisch-deutsches Ehepaar, in ihrem «China-Knigge», der sich dem Lachen von der historischen Seite nähert: Die Schauspieler der traditionellen chinesischen Oper, heißt es hier, müssen «jede Nuance des Lachens beherrschen. (…) Dort findet man das gebrochene, bittere, verächtliche und das kalte Lachen, das Lachen des Glücks, der Zufriedenheit, das der Verzweiflung und des Hohns.» Auch in diesem Kanon fehlt das Lachen über Komisches.

Kann es also sein, dass die Chinesen das Komische gar nicht kennen? Man könnte zu dem Ergebnis kommen, wenn man chinesische Witze betrachtet. Die Chinesen behaupten zwar, sie seien sehr lustig. Ihre Komik aber erschlösse sich den Westlern kaum, da sie voller subtiler Anspielungen auf viertausend Jahre chinesischer Geschichte seien. Ich kann das leider nicht überprüfen, weil ich ja letztlich auch ein Westler bin. Ich weiß nur, dass ich bis heute keinen einzigen komischen chinesischen Witz gehört habe.

Dafür kenne ich diesen hier: «Ein Blinder saß einmal mit vielen anderen Leuten beisammen. Plötzlich beobachteten die Leute etwas Komisches und begannen, aus vollem Hals zu lachen. Auch der Blinde lachte. Da fragten ihn die Leute: ‹Hast du denn auch gesehen, was da Komisches passiert ist?› Der Blinde antwortete: ‹Ich habe euch lachen hören, da war ich sicher, dass es etwas Komisches gegeben haben muss.›» Dieser Witz ist nicht irgendeiner, sondern dem Band «Chinesische Witze zu allen Zeiten» entnommen, also wohl einem «Best of ...» aus viertausend Jahren Witzgeschichte, der 2006 in der Reihe «Chinesisch lustig lesen» erschien, und zwar in einem chinesischen Staatsverlag und in deutscher Sprache. Alle anderen Witze in dem Büchlein sind von ähnlichem Kaliber. Was an dem ausgewählten Witz auffällt, ist nicht bloß, dass er nicht komisch ist. Sein Erzähler erachtet auch das dreimal erwähnte «Komische» für so irrelevant, dass er nicht einmal sagt, worum es sich dabei handelt. Trotzdem weiß ich, worüber die Leute in dem Blindenwitz gelacht haben, jedenfalls in etwa. Es gibt nämlich eigentlich nur eine Sache, die Chinesen wirklich komisch finden, und das ist, wenn einem ihrer Mitmenschen ein Missgeschick passiert. Rutscht jemand auf der Straße auf altem Woköl aus, fällt er die Treppe runter und/oder rennt gegen einen Laternenmast, können sie sich vor Lachen nicht mehr halten (vgl. auch «Hauptstadt der Schamlosen», S. 39). Auch meine Dolmetscherin lacht am liebsten über Tom-und-Jerry-Filme, und zwar am lautesten, wenn die Maus der Katze mit dem Hammer auf die Mütze haut, ein Amboss auf Toms Pfoten fällt oder er von einem Beil durchtrennt wird.

Wem ein Malheur passiert, dem kommt man hierzulande auch nur sehr selten zu Hilfe, sonst wäre der Spaß ja allzu schnell vorbei. Das erlebe ich immer wieder. Als zum Beispiel vor einiger Zeit nur zehn Meter von mir entfernt eine Fahrradrikscha mitsamt Passagier umkippte, gab es zunächst einmal einen lauten Knall, über den ich nicht wenig erschrak. Anders meine Mitpassanten. Wie in dem Blindenwitz lachten sie aus voller Kehle, während der Rikschafahrer seinen Passagier mühsam aus dem Rikschakasten zog, wobei der sich mit schmerzverzerrtem Gesicht den verrenkten Hals rieb.

Die reinste Freude, das wissen die Chinesen auch, ist die Schadenfreude. Darin unterscheiden sie sich übrigens nicht von den Tibetern. Sir Charles Bell, britischer Kolonialbeamter in Tibet und zeitweiliger außenpolitischer «Berater» des dreizehnten Dalai-Lama, führte hier in den dreißiger Jahren Chaplin-Filme vor. In seinem Tagebuch berichtet er, dass «die feine Komik, die darin liegt, Eiscreme auf die Abendkleider von Damen fallen zu lassen oder Leuten unerwartet einen Holzhammer auf den Kopf zu schlagen, den tibetischen Sinn für Humor voll ansprach». Anders als die Tibetexperten Julia Roberts, Alanis Morissette und Sting so glauben, spricht dieses gemeinsame Verständnis von Komik sehr dafür, dass Tibet und China zusammengehören.

Sollten Sie einmal selbst nach China kommen: Bringen Sie ein paar Bananenschalen oder einen Reiseamboss mit, setzen Sie diese Utensilien bei der ersten Gelegenheit gezielt ein, oder stellen Sie Ihrem Reisegefährten beim Besichtigen der Verbotenen Stadt ein Bein, am besten vor der Halle der höchsten Harmonie. Sie können uns Pekingern kaum einen größeren Spaß bereiten.

Inzwischen kenne ich doch einen komischen chinesischen Witz. Er ist in dem Buch «The Chinese» des ehemaligen Times-Korrespondenten in Peking, David Bonavia, abgedruckt und geht so: «Ein berühmter Gelehrter, bekannt für seine Trinkgewohnheiten, wurde von einem Freund besucht, der ihn fragte, warum er denn an diesem Tag nüchtern sei. ‹Ich habe mich entschlossen, das Trinken so lange sein zu lassen, bis mein Sohn nach Hause zurückgekehrt ist.› ‹Wohin hat es denn deinen Sohn verschlagen?›, fragt der Freund. ‹Er ist gerade im Laden, um Wein zu kaufen.›» Das ist eine Komik, die auch ich verstehe. Merkwürdig aber ist, dass ein vergleichbar komischer Witz in der erwähnten deutschsprachigen Anthologie fehlt. Könnte es also sein, dass die Chinesen ihre wirklich lustigen Witze nur den Engländern erzählen, weil sie uns Deutsche nicht für würdig erachten? Weitere Witzforschung tut not!

29 Merkel statt Mao

Nein, ich habe wirklich nichts dagegen, dass in Peking außer mir noch ein paar andere Deutsche leben; und schon gar nichts habe ich gegen deutsche Restaurantbesitzer. Nach monatelangem Genuss von Hühnerfüßen, Entenzungen und tausendjährigen Eiern braucht man ab und zu eine Roulade mit Kartoffelbrei und Rotkohl. Nur, müssen die deutschen Restaurants hier wirklich «Der Landgraf», «Bodenseestuben», «Drei Kronen» oder «Schindlers Tankstelle» heißen, respektive «Schindler's Fillingstation»? Gut, der Besitzer heißt Steffen Schindler. Und er hätte seinen Laden auch «Schindlers Getränkeliste» bzw. «Schindler's Gasstation» nennen können (oder, wie Poster elrey im Internetforum von The Beijinger vorschlägt: «Goebbels Grill»). Trotzdem.

Ich bin durchaus damit einverstanden, dass der «Jenny Lou»-Supermarkt – neben Pflaumenmus von «Die Sparsamen», Curry-Gewürz-Ketchup von «Hela» («Mit der besonderen Hela Würzung») und «Viola»-Müsli aus Bielefeld – Brot vom deutschen Bäcker führt. Der heißt «Der Bäcker» und verkauft sein Misch- und Vollkornbrot in Papiertüten, auf denen «Der natürliche Weg» steht. Inzwischen hat er sogar Konkurrenz bekommen, vom deutschen Bäcker des «Café Konstanz», dessen Brot noch etwas leckerer schmeckt. Wir deutschen Exilanten sind hier besser mit Nahrungsmitteln von zu Hause versorgt, als wir es in Rom oder Paris wären.

Meinetwegen kann es auch den ganzen sonstigen Krempel geben, den ein Deutscher für seine Existenz im Ausland für unentbehrlich hält: den von der Deutschen Handelskammer zu Peking jährlich im hiesigen Kempinski organisierten deutschen Ball (Thema 2009: «Paradiesvögel») beispielsweise, den deutschen Weihnachtsbasar auf dem Botschaftsgelände, mit Glühwein, Currywurst und Tausenden von Besuchern, die Festivitäten zum Tag der Deutschen Einheit oder die Karnevalspartys im «Landgraf», inklusive Kölsch vom Fass und Wahl einer chinesischen Karnevalsprinzessin. Ich will mich noch nicht einmal darüber beschweren, dass die Chinesen die Deutschen beinahe so sehr lieben wie sich selbst. Das mag daran liegen, dass wir ihnen einst das Bier («Tsingtao») gebracht haben, das man sich hier schon mittags einzuverleiben pflegt, und später dann den VW Santana und den Siemens-Kühlschrank. Dafür haben sie alles Negative vergessen. Die berühmte Rede von Kaiser Wilhelm II. beispielsweise, der 1900 dem deutschen Expeditionscorps auftrug, sich bei der Niederschlagung des Boxeraufstands so aufzuführen wie die Hunnen, «dass niemals ein Chinese es wagt, einen Deutschen auch nur scheel anzusehen». Verdrängt hat man auch irgendwie Deutschlands Beteiligung am Zweiten Weltkrieg. An dem scheinen nur die Japaner schuld zu sein, die dafür bis heute leidenschaftlich gehasst werden.

Wahrscheinlich wird in China inzwischen schon geglaubt, Hitler und die deutschen Nazis hätten Hand in Hand mit dem chinesischen Widerstand gegen den Erzfeind gekämpft. Anders ist das große Angebot an Hitler-, Göring- und Rommelbiographien in den Buchhandlungen kaum zu erklären. An den Kiosken gibt es sogar Magazine zu kaufen, die «Fallschirm» (in Fraktur) heißen und in denen es nur um die tollen Abenteuer von «German Parachutists 1939–1945» geht. Ich kann diese Hefte nicht lesen, aber darin sind seitenweise Fotos von Nazi-Offizieren, Wehrmachtsuniformen und Uniformteilen abgebildet, dazwischen auch mal Grabsteine, auf denen Sätze wie diese stehen: «Hier ruhen 20 Kameraden der 1. Fallschirm-San-Abteilung. Gefallen am 20.5.41 für Führer und Vaterland.» Die These von den guten Nazis im antijapanischen Widerstand wurde nochmal voll untermauert, als es mich in Peking auf eine große Party von chinesischen Uniformfetischisten verschlug. Hier tummelten sich zwischen den Trägern alter chinesischer und US-amerikanischer Uniformen sechs Leute in Wehrmachts- und Waffen-SS-Uniformen, und ein Mann lief in einer schwarzen SS-Uniform herum, stilecht mit rot-weiß-schwarzer Hakenkreuzbinde um den Oberarm und einer SD-Ärmelraute. Nazi sei natürlich keiner von den Versammelten, versicherte man mir eifrig, und letztlich sei das Uniformanziehen in China nur ein großes, lustiges Spiel. Eine japanische Uniform trug trotzdem keiner.

Aber wie gesagt, mir ist das alles recht oder zumindest halbwegs egal, solange ich nicht jeden Tag SS-Männern begegne und für mich im Fahrstuhl der Daumen hochgeht, wenn ich sage: «Wo shi de guo ren», was wörtlich: «Ich bin Tugendlandmensch» bedeutet und übertragen: «Ich bin Deutscher.» Da sehe ich den Chinesen auch noch nach, dass sie beinahe krankhaft in den deutschen Film vernarrt sind. Schließlich zwingt mich keiner, die DVD-Raubkopien von Höhepunkten des deutschen Filmschaffens wie «Vollidiot», «Der Untergang», «7 Zwerge – Männer allein im Wald» oder Leni Riefenstahls «Triumph des Willens» zu kaufen, die einem an jeder Ecke für ein paar Eurocent nachgeschmissen werden.

Von mir aus können sie auch «Rucki Zucki» im Supermarkt spielen, sich Angela Merkel statt Mao auf die Oberarme tätowieren lassen und die Pekinger Ringstraßen schwarz-rot-gold lackieren. Doch dass im staatlichen Fernsehen auch noch deutsche Unterhaltungssendungen laufen, geht irgendwie zu weit. So schaltete ich eines Tages arglos den Fernseher an, ohne damit zu rechnen, dass mir daraus Wigald Boning, Barbara Eligmann und Dickie Bach entgegenspringen würden, die seltsamerweise alle drei Chinesisch sprachen. Später fand ich heraus, dass ich eine synchronisierte Folge der SAT 1-Sendung «clever! – Die Show, die Wissen schafft» gesehen hatte. Das muss man sich mal vorstellen: SAT 1 im ehemals knallroten China.

Nun gut, es würde vielleicht noch auszuhalten sein, wenn der SAT 1-Nachhilfeunterricht der einzige deutsche Fernsehexport nach China wäre. Doch von wegen. Abends läuft hier auch noch «Wetten, dass ..?», und zwar nicht einmal im Monat, sondern wöchentlich jeden Sonntagabend. Die chinesische Variante heißt allerdings ein wenig anders. Weil das Wetten in China streng verboten ist, nennt sich die Show «Xiang tiao zhan ma?», was so viel wie «Wollen Herausforderung?» bedeutet. Neben chinesischen Stars und Wettkandidaten tritt da mindestens ein Deutscher auf, der eine Wette wiederholt, die er vor Jahren schon mal in der Originalsendung präsentiert hat. Inzwischen habe ich schon einen «Wetten, dass ..?»-Pensionär gesehen, der fünfzehn Minuten lang mit den Zähnen leere Bierkästen balancierte, eine beleibte Blondine in roter Jogginghose, die mit der bloßen Faust dicke Ytong-Platten zertrümmerte, und zwei Männer, von denen der eine ein Auto fuhr, während der andere über der Kühlerhaube hing und auf der Radkappe eine Vase töpferte. Den Chinesen muss das alles gut gefallen, lieben sie doch nichts so sehr, wie wenn sich ein Ausländer öffentlich zum Affen macht. Noch schlimmer als die Gastauftritte aber ist: Weil die Chinesen von «Wollen Herausforderung?» (fünfzig Millionen Zuschauer, Tendenz steigend) nicht genug kriegen können, zeigen sie hier manchmal auch das Original. Es war mitten während eines schwülen Augusts, als ich auf CCTV 3 offenbar die x-te Wiederholung der «Wetten, dass ..?»-Folge sah, die in Deutschland am Pfingstsonntag aus einem Amphitheater nahe der türkischen Stadt Antalya übertragen wurde. Hier sprach mich plötzlich Tuo Ma Si Gao Sha Ke direkt an, im weißen Anzug und kongenial launig übersetzt von einem Synchrondolmetscher. Dann brach «Rockgigant» Peter Maffay in mein Wohnzimmer ein und sang «Halt dich an mir fest», während Heiner Lauterbach – der Dolmetscher nannte ihn nur Han Ne – sich auf dem Sofa an seiner Frau festhielt und später Rilkes «Panther» zuschanden deklamierte. «Nein, nein!», schrie ich in meiner Pekinger Wohnung, «ich nicht wollen das Herausforderung!» Schließlich war ich einst auch ausgewandert, um genau dieses Fernsehelend nicht mehr ertragen zu müssen.

Danach überlegte ich ernsthaft, ob ich China nicht doch wieder verlassen sollte, bevor auch noch Peter Hahne, Rex Bushido o. s. ä. und der Rest der Bagage in mein Leben einbrechen würden. Aber weil man letztlich nirgendwo auf der Welt vor deutscher Fernsehunterhaltung sicher ist, entschied ich mich am Ende doch fürs Bleiben. Ich meide allerdings seitdem den Anschaltknopf des Fernsehers wie Dracula das Kreuz.

30 Der Fluch der Saiga-Antilope

Als Westler in China zu leben, ist eigentlich sehr angenehm. Es ist allerdings auch mit Risiken verbunden. Die ungewohnte Umgebung, die enormen Menschenmassen, mit denen man täglich in den Straßen konfrontiert wird, die Enge und der andauernde Krach können bei labilen Persönlichkeiten zu psychischen Problemen führen. Das haben zumindest westliche Psychologen und Psychiater festgestellt, die in China arbeiten und forschen.

Mir machen Krach, Enge und Menschenmassen im Grunde nichts aus. Ich habe mich diesen Umweltbedingungen jahrzehntelang in westlichen Bars, Kneipen und Discos ausgesetzt, um mich so zu stählen. Vor Zeiten war ich sogar mal Manager einer Punkband und stand bei den Konzerten meiner Jungs immer direkt vor den Boxen. Damit fühlte ich mich für alle Chinas dieser Welt präpariert wie kein Zweiter.

Doch vor ein paar Monaten erwischte es auch mich: Von einer Nacht auf die andere konnte ich nicht mehr schlafen. Ich suchte sofort mehrere westliche Psychologen auf, die mir unisono erklärten, das sei nichts Ungewöhnliches. «Besonders Journalisten, Fotografen und Kolumnisten, die unter Originalitätsstress stehen, sind davon häufig betroffen.» Helfen könnte mir eigentlich nur zweierlei: «Entweder Sie verlassen China für einige Zeit und erholen sich ein paar Monate in Europa. Ich empfehle da immer die dörfliche Atmosphäre Berlins. Oder Sie versuchen es mit TCM.»

Natürlich wollte ich keinesfalls nach Berlin, solange es eine Möglichkeit gab, in der zukünftigen Welthauptstadt zu bleiben. Also entschied ich mich für TCM. Diese Abkürzung steht für traditionelle chinesische Medizin, die so heißt, weil sie sehr traditionell und sehr chinesisch ist. Angeblich soll der legendäre Gelbe Kaiser das erste Kompendium der traditionellen chinesischen Medizin geschrieben haben, das Huangdi Neijing, und zwar um 2600 vor Christus. Allerdings gab es den Gelben Kaiser wohl eher nicht. Das Huangdi Neijing existiert trotzdem, entstand aber erst später, etwa im dritten oder zweiten Jahrhundert vor Christus. Es wird traditionell mit «Des Gelben Kaisers Klassiker des Inneren» übersetzt und wurde von daoistischen Ärzten und Gelehrten über die Jahrtausende immer weiter geschrieben.

Nach dieser Lehre entstehen Krankheiten, weil durch jahreszeitliche Einflüsse oder Emotionen die Yin- und Yang-Kräfte des Körpers aus der Balance geraten sind und die fünf Elemente Metall, Holz, Wasser, Feuer, Erde nicht mehr miteinander harmonieren und das Qi, die Lebensenergie, nicht mehr so recht fließt. Auch bei mir schien es an Balance und Lebensenergiefluss irgendwie zu hapern.

Mir passte die TCM-Empfehlung durch die Psychologen auch deshalb gut in den Kram, weil ich schon lange mal etwas über die chinesische Medizin erfahren wollte. Handelte es sich dabei um eine ernstzunehmende Spielart der Medizin, oder war das reine Scharlatanerie? Ich begab mich also gleich am nächsten Tag in die beste TCM-Klinik Pekings, das Dongzhimen-Krankenhaus. Hier arbeitet man mit der Universität für traditionelle chinesische Medizin zusammen, der weltweit höchsten Autorität in allen traditionell chinesischen Medizinfragen. Um vollkommen sicherzugehen, dass man mir auch die beste Behandlung angedeihen lassen würde, wählte ich die VIP-Abteilung. Hier kostet eine Diagnose umgerechnet zehn Euro statt der fünfzig Cent, die Normalsterbliche zahlen. Dafür wird man auch von den Koryphäen der TCM behandelt. Außerdem darf man auf dem Flur rauchen. Zwar wird man nicht gerade dazu aufgefordert. Aber die Krankenschwestern schreiten auch nicht ein, wenn man sich eine Kippe anzündet und später den abgebrannten Stummel auf den Boden schmeißt. Wahrscheinlich gilt das Rauchen in der traditionellen chinesischen Medizin als irgendwie heilkräftig, so wie ja auch Mao glaubte, Rauchen sei gesund (siehe Lektion «Der Untergang des chinesischen Reiches», S. 183).

Überhaupt scheint die traditionelle chinesische Medizin eine fröhliche Wissenschaft zu sein. Die Szenerie im Sprechzimmer gefiel mir jedenfalls auf Anhieb. Im Gegensatz zum Sprechzimmer eines westlichen Arztes saß hier der VIP-Doktor inmitten einer großen Schar von Schülern, Assistenten und Krankenschwestern. Gleich mehrere dieser Gehilfen waren für die Anamnese zuständig. Dazu kam ein Knochenarzt, der mit geübten Handgriffen schlechtsitzende Wirbel und sonstiges Körpergebälk wieder zurechtrückte, und zwei Protokollanten, die die Diagnose des VIP-Mediziners festhielten. Im Sprechzimmer befanden sich auch immer gleich mehrere Patienten, die gerade unterschiedliche Behandlungsphasen durchliefen. So erinnerte diese Szene an Gemälde holländischer Meister, auf welchen ein Bader auf dem Marktplatz Hof hält. Auf jeden Fall war die Stimmung ausgezeichnet – ganz anders als in jedem westlichen Krankenhaus.

Die Behandlung muss nach einem uralten Ritus verlaufen, dem auch ich gleich bei meinem ersten Besuch unterworfen war. Nachdem man mich aufgerufen hatte, versuchte ich zunächst einer Krankenschwester in gebrochenem Chinesisch meine

Symptome zu schildern. Dann fühlte sie mir den Puls. Angeblich können traditionelle chinesische Mediziner, wie Eskimos ebenso angeblich Schneesorten, unendlich viele Pulsunregelmäßigkeiten unterscheiden. Aus diesen Pulssorten ziehen sie dann ihre Schlüsse. Anschließend muss der Patient seine Zunge herzeigen, einmal den oberen Teil und dann nochmal den unteren. Auch die verschiedenen Zungeneinfärbungen von weiß über rosa bis rot – ganz schlimm sind schwarze Zungen – sagen dem Arzt, was einem genau fehlt. Jede TCM-Praxis ist also voll mit Menschen, die anderen Menschen die Zunge rausstrecken, ohne Unterlass, was garantiert zur aufgeräumten Atmosphäre einiges mit beiträgt.

Ist die Anamnese abgeschlossen, kommt die Begegnung mit dem Arzt. Meiner hieß Zhang und hatte schon mal für ein paar Monate in den Niederlanden gearbeitet. Deshalb begrüßte er mich auch auf Holländisch: «Goede dag.» Mehr Fremdsprachenkenntnisse standen ihm nicht zur Verfügung. Leider war meine bezaubernde Dolmetscherin zu diesem Zeitpunkt in Hongkong unterwegs, zweitausend Kilometer entfernt. So behalf sich Dr. Zhang eben mit meinem Handy. Er rief meine Dolmetscherin in Hongkong an und plauderte eine halbe Stunde mit ihr. Anschließend gab er mir das Telefon zurück, damit die Dolmetscherin mir in drei knappen Sätzen des Doktors Diagnose mitteilen konnte.

Die drei Sätze der Dolmetscherin lauteten: «Der Arzt sagt, deine Zunge ist zu rot. Du hast zu viel Feuer. Du bist überhaupt zu heiß.» Bisher hatte ich meine Heißblütigkeit nie als Makel empfunden. Aber wenn ich vor lauter Hitze nicht mehr schlafen konnte, musste das wohl geändert werden. Zudem meinte Dr. Zhang, mir würde das Blut in der Leber stocken, und die Milz sei irgendwie zu schwach. Das war nicht erfreulich. Nach der traditionellen chinesischen Medizin ist die Milz nämlich für die Versorgung des Gehirns mit Nährstoffen zuständig. Keinesfalls wollte ich meiner schwachen Milz wegen verblöden, das könnte eventuell meinem Schreiben nicht zuträglich sein.

Was mich irritierte, war die Tatsache, dass der Arzt laut lachte, als er seine Diagnose stellte. Außerdem verschrieb er mir eine ganze Batterie von Medikamenten, die ich mir aus der Krankenhausapotheke zu holen hatte. Nur die wenigsten Packungsaufschriften konnte ich lesen. Die Arzneien, auf denen auch die lateinische Bezeichnung stand, waren Pseudoginseng, Perlenpulver und das zerriebene Horn der tatarischen Saiga-Antilope. Diese Medikamente bekam ich in dekorativen, kleinen Porzellanfläschchen à 0,3 Milligramm. Dazu verschrieb mir der lachende Dr. Zhang noch eine Mischung aus Pülverchen und Kräutern, über die ich absolut nichts wusste.

Anhand einer großen Glasvitrine in der Krankenhausapotheke konnte ich mir allerdings ein Bild davon machen, was ich eventuell zu mir nehmen würde. Hier war eine bunte Mischung verschiedener Substanzen ausgestellt, aus denen chinesische Medizin gewonnen wird: vergilbte Marienkäfer, dunkle Schwammpilze, diverse Kräuter und sogar Hölzer, silberne Tausendfüßler, verschiedene Schlangen und überraschend viele Steine. Im Bencao Gangmu, dem bedeutendsten Kompendium der chinesischen Medizin, geschrieben während der Ming-Dynastie vom Arzt Li Shizhen, sind insgesamt 1892 verschiedene heilende Substanzen und 11 096 Kombinationen aufgelistet. Wahrscheinlich kann man irgendwie alles als chinesische Medizin benutzen: geriebenen Asphalt, Ölfarbe oder getrocknetes Softeis.

Meine verschiedenen Pülverchen hatte ich in Wasser aufzulösen und dreimal am Tag zu trinken. Und wenn dieser Tee auch recht übel roch, schluckte ich ihn doch mit großer Zuversicht hinunter. Immerhin war ich zu diesem Zeitpunkt kein Novize mehr auf dem Gebiet der chinesischen Medizin. Schon in Singapur hatte ich bei Erkältungen oder kleineren Wehwehchen gerne zu traditionellen Medikamenten gegriffen. Das Tolle an denen ist nämlich oft ihr eingebauter Actionfaktor. Gegen Erkältungen wird zum Beispiel ein seltsamer Kern verabreicht, der einer Muskatnuss ähnelt. In heißem Wasser verwandelt er sich in ein Schwammmonster, das das ganze Wasserglas ausfüllt. Diesen Monstertee muss man trinken. Gut helfen auch kleine schwarze Gummibällchen, die in tischtennisballgroßen weißen Wachskugeln stecken. Die Wachsbälle werden aufgepult, und der gummiartige Inhalt wird dann gegessen. Viele der chinesischen Arzneien funktionieren letztlich so wie im Westen Überraschungseier.

Leider hatten Dr. Zhangs Medikamente keine Action-Eigenschaften. Dafür waren sie, wie ich bald herausfand, besonders wertvoll. Das Pseudoginsengpulver, offenbar eine verlogene Ginseng-Abart, die im Süden Chinas gewonnen wird, trägt sogar den Beinamen «jin bu huan», was übersetzt so viel heißt wie: «nicht gegen Gold einzutauschen». Wie man dem armen Heilpflanzensammler das Kraut am Ende dann doch abgenommen hatte, will ich lieber nicht wissen. Das Perlenpulver dagegen stammt von echten Perlen. In früheren Zeiten wurde es als Kosmetikum benutzt, bevorzugt von chinesischen Kaiserinnen, die sich das teure Zeugs leisten konnten. Allerdings tranken sie das Pulver nicht, sondern rührten es an und trugen es als Paste auf die Haut auf. Das gute Antilopenhornpulver schließlich war noch wertvoller als die beiden anderen Medikamente zusammen. Es roch und schmeckte zwar wie ein Sack verbrannter Haare. Doch nachdem ich mich über die Saiga-Antilope informiert hatte, trank ich den stinkenden Tee mit großem Genuss. Dieses Tier, das eine auffällige Rüsselnase im Gesicht trägt, steht nämlich auf der Liste der vom Aussterben bedrohten Arten. Heute gibt es nur noch fünfzigtausend Saigas, hauptsächlich in entlegenen Gebieten Kasachstans und der Mongolei. Ihr Bestand ist hauptsächlich deswegen so stark geschrumpft, weil die Männchen wegen ihres heilbringenden Horns zu stark bejagt werden. Das ist natürlich nicht erfreulich. Aber besser, die Saiga-Antilope stirbt aus als ich.

Um die Behandlung zu unterstützen, ließ ich mich zusätzlich gleich noch akupunktieren. Sehr lustig fand ich, dass auch mein Akupunkturdoktor Zhang hieß. Dieser Doktor Zhang war allerdings eine Frau, die jedoch nicht mit dem ersten Doktor Zhang verwandt war. Auch sie war eine echte Meisterin ihres Faches, die zudem ein wenig Englisch sprach. «Die meisten Westler», erklärte sie mir gleich bei der ersten Sitzung, «haben völlig falsche Vorstellungen von Akupunktur. Zum Beispiel glauben sie, Akupunktieren täte nicht weh.» Tatsächlich kann ich bestätigen, dass das ein großer Irrtum ist. Ich bin nicht sonderlich schmerzempfindlich, aber bei jeder Nadel, die Frau Zhang in meine Arme und Beine stieß, durchfuhr mich ein Stromstoß, als hätte ich mit nassen Fingern in eine Steckdose gefasst. Dazu zuckten meine Beine wie bei einem epileptischen Anfall. «Das ist gut», sagte Frau Doktor kalt, «wenn es nicht wehtut, kann es nicht helfen.»

Und tatsächlich: Nach einer Weile begann die Kombination

aus Antilopen- und Kräutertees und Nadelstromstößen zu wirken. Schon nach ein paar Wochen schlief ich wieder ziemlich gut. Nur hatte ich plötzlich neue gesundheitliche Probleme. In meinen Ohren pfiff der Tinnitus, im Stehen schwindelte mir, und sobald ich mich hinlegte, fing ich an zu zittern. Außerdem hatte ich das Gefühl, dass mein Körper schwerer und schwerer wurde.

Dr. Zhang – nicht die Frau, sondern den VIP-Arzt – störte das wenig. «Immer noch zu viel Feuer», diagnostizierte er bei jedem neuen Termin stoisch. Er schrieb mir jedes Mal eine leicht veränderte Kräutermischung auf und komplimentierte mich dann laut lachend mit «goede dag» hinaus. So begann ich irgendwann der traditionellen chinesischen Medizin doch zu misstrauen. Zu gern hätte ich gewusst, was mir der Doktor außer den mir bekannten Pülverchen noch verschrieb. Doch selbst meine inzwischen aus Hongkong zurückgekehrte Dolmetscherin konnte die Rezepte nicht lesen, da Dr. Zhang eine Sauklaue hatte. Den Hang zum Krickelkrakel haben traditionelle chinesische und westliche Mediziner also auf jeden Fall gemein.

Mittlerweile wurde mir immer schwindliger, und ich fühlte mich bald so schwer wie ein Mittelklassewagen. Jetzt hatte ich wirklich Dr. Zhangs Medikamente in Verdacht. Enthielten sie vielleicht Arsen? Das wird in der chinesischen Medizin tatsächlich verwendet, und zwar gemäß dem Grundsatz: «Verwende Gift, um Gift auszutreiben.» Oder war Quecksilber in meinen Kräutern, wie in jenem TCM-Medikament, das 2004 in Großbritannien verboten wurde, weil es ganze dreizehn Prozent von dieser äußerst gefährlichen Substanz enthielt? Wurde ich deshalb so schwer, weil sich das ganze Perlenpulver in meinen

Eingeweiden wie Gips verklumpte? Oder sollten Schwindel und Schwere am Ende so etwas wie der Fluch der Saiga-Antilope sein, die meinetwegen zum Aussterben verdammt war?

In Peking war das nicht herauszubekommen. Als ich schließlich das Gefühl hatte, so schwer zu sein, dass ich demnächst durch die Zimmerdecke brechen würde, las ich in einem Buch, dass die traditionelle chinesische Medizin Wind, Hitze, Feuer, Kälte, Feuchtigkeit und Trockenheit für Krankheitsauslöser hält, aber Krach, Krawall und Menschenmassen auf der Liste fehlten. Und so flog ich doch noch nach Berlin.

Hier ging ich in Kreuzberg zu einem deutschen Arzt, der mich genau examinierte. Er stellte fest, dass von Feuer in meinem Körper keine Rede sein konnte. Ich hatte Wasser in den Beinen, und meine Zunge war durch das viele Wasser in mir stark geschwollen. Jetzt war ich also zu nass. Der Arzt verordnete mir verschiedene Medikamente und schickte mich zu einer ganz bestimmten Apotheke in Schöneberg. Als ich eintrat, staunte ich nicht schlecht. Es roch ganz wie in meinem Pekinger Krankenhaus, und hinter dem Tresen stand eine Chinesin, die mir auf mein Rezept hin eine Packung mit kleinen Kügelchen überreichte. «Das hier hilft gegen Wasser im Körper und stärkt deine Mitte.» Dabei lachte sie laut und herzlich. Mir gefror das Blut in den Adern: Es fehlte nur noch das «goede dag».

Trotzdem war ich bereit, der traditionellen chinesischen Medizin noch eine Chance zu geben. Und tatsächlich halfen die Kügelchen. Nach ein paar Wochen war ich völlig wiederhergestellt.

Aber insgeheim hege ich weiter Zweifel, was die traditionelle chinesische Medizin angeht. Waren diese ganzen Behandlungen nicht am Ende ein abgekartetes Spiel? Möglicherweise stecken die TCM-Ärzte in der ganzen Welt unter einer Decke und schieben sich gegenseitig die Patienten zu? Und wahrscheinlich sind an dem Deal auch noch ein paar internationale Fluggesellschaften beteiligt. Immerhin hat die Wasserdiagnose mich gut achthundert Euro für den Flug gekostet. Irgendjemand sollte sich mal um die Sache kümmern. Ich kann leider nicht. Ich fühle mich im Moment so hölzern.

31 Rechtssystem vom anderen Stern

Seit ich in China lebe, bin ich zur Hälfte falsch. Ich gehe in einem S.-Oliver-Parka spazieren, trage auf dem Rücken einen Nike-Rucksack, dazu Timberland-Hosen, die von einem Boss-Gürtel gehalten werden, und an den Füßen Puma-Sneaker. Alles Fake, selbst meine Unterhosen (Calvin Klein, 1,50 Euro das Stück). Nur mein Körper ist noch echt, bis auf ein paar Zähne.

Das halbe China ist so gefälscht wie ich. Allein 2008 wurden hierzulande im Auftrag der Industrie- und Handelsbehörde 22,87 Millionen gefälschte Produkte zerstört. Doch manche Kopien und Fälschungen werden noch nicht einmal als solche erkannt. Wenn ich will, kann ich in meinem Fake-Outfit gleich in ein halbes Dutzend verschiedener Fake-«Starbucks» gehen oder in ein Schnellrestaurant um die Ecke, dessen Logo so aussieht wie das von «Kentucky Fried Chicken», das aber «Yonghe Da Wang» heißt («Immer Zusammen Großer König») und in dem man Rindersuppen (echt) serviert. Ich könnte hier beim Suppeschlürfen mit meiner Promotionsurkunde wedeln, die ich für ein paar Euro auf der Straße gekauft habe, und mich danach an gefälschten Melonen (mit rotem Zuckerwasser geimpft) laben. In den Elektronik-Malls kann ich mir gefälschte Handys besorgen, gefälschte iPods und raubkopierte Software, in den Möbelgeschäften gefälschtes Holz und in der Drogerie eine Zahnseide namens «Heidelberg», die angeblich von einer Firma lizenziert wird, die «Bayerische Gesundheitsideologie GmbH» heißt, «Member of BGG Group, Germany». Es ist auch gefälschtes Mineralwasser zu haben, gefälschte Medizin, gefälschte Milch oder gefälschte Babynahrung. Da hört der Fake-Spaß dann so langsam auf.

Sehr amüsant ist dagegen Chinas erste Fake-Zeitung, die ich vor einiger Zeit in der U-Bahn erwarb. Sie heißt «Fa Zhi Mingxing», was «Rechtssystem Stern» bedeutet. Ein kleiner, etwas schmutziger Verkäufer hielt sie mir unter die Nase, wobei er mir die Schlagzeile zuschrie: «Andy Lau ist ermordet worden!» Eine Hammermeldung, denn Andy Lau, ein Sänger und Schauspieler (über hundert Filme) aus Hongkong, ist in China ein Megastar; obendrein gilt er als schönster Mann der Welt (= China). Wer in etwa verstehen will, was Lau für die Chinesen bedeutet, der stelle sich George Clooney, Pierce Brosnan und Richard Gere vor, vereint in einem Luxuskörper. Sein Tod wäre hier so was wie Nine Eleven hoch zwei.

Natürlich musste ich die Zeitung haben. Dafür zahlte ich auch gerne zwei Yuan, doppelt so viel wie für eine normale Tageszeitung. Als Erstes ließ ich mir von meiner bezaubernden Dolmetscherin das Impressum übersetzen: Angeblich sitzt die

Meine liebste Fake-Meldung: Popstar Andy Lau ist ermordet worden!

Redaktion des (undatierten) Presseprodukts in Kashgar, einer Oasenstadt, die im äußersten Westen Chinas zwischen der Taklamakan-Wüste und der Grenze zu Kirgisistan liegt. Eine Telefonnummer allerdings fand sich nirgends.

Das ist sicher auch besser so: Wie man wohl auch im Westen weiß, ist das Pressewesen in China reglementiert und der Zensur unterworfen. Dem «Rechtssystem Stern» aber scheinen alle Zensurvorschriften mindestens so schnuppe wie der Wahrheitsgehalt seiner Meldungen, die sich – teils irgendwo abgeschrieben, teils komplett ausgedacht – fast durchweg im internationalen Schmuddelrahmen bewegen. («Sexwolf besteigt jeden Tag pünktlich den Bus, um Frauen zu belästigen.»)

Die in den Anzeigen beworbenen Produkte kannte ich aus «Praline»- und «Neue Revue»-Heften der siebziger Jahre. Allerdings orientiert sich der Inhalt der Fa-Zhi-Mingxing-Annoncen stärker an den Bedürfnissen des hiesigen Publikums. Die «Magische Brille» beispielsweise, im Westen hauptsächlich als Instrument zum Röntgen von Textilien beworben, die junge Damen gerade tragen, preist man den glücksspielversessenen Chinesen als Tool zum Durchschauen von Pokerkarten und Mah-Jongg-Steinen an. Andere Produkte waren mir neu, wie das Letzte von der Ökofront, ein «Stromspargerät» nämlich, das «bis zu 60% Strom spart»: «Setzt den Zähler auf null oder lässt ihn langsamer laufen.»

Die Titelstory hob ich mir bis zum Schluss auf: Der ungenannte Reporter berichtete, Andy Lau sei auf seiner eigenen Geburtstagsparty im Hongkonger Li Jing Hotel vom Balkon gestürzt worden. Dabei stützte sich der Journalist auf die «Hintergrundrecherchen» der Hongkonger Zeitung Da Hui Bao, die als Auftraggeber einen von zwei Triadenbossen vermutet: Jiang Ba Tian (Jiang Himmelstyrann), Anführer der Schwarzen Drachen, oder aber Zhu Yi Dao (Zhu ein Messer), Chef der Beil-Bande. Beider Töchter seien zur gleichen Zeit, aber rivalisierend, mit Lau liiert gewesen. Außerdem habe diese Liaison à trois bereits im Juli 2003 zu einer Massenschlägerei geführt, an der zweihundert Mitglieder beider Banden beteiligt gewesen seien, von denen achtzig starben.

Das Erfreuliche an dem Bericht: Kein Wort davon ist wahr. Weder hat diese Schlägerei jemals stattgefunden, noch gibt es das besagte Hotel in Hongkong oder die zitierte Zeitung, und natürlich ist auch Andy Lau quicklebendig und dreht lustig weiter Filme am Fließband. Nun ist solcher Fakejournalismus weltweit nichts Ungewöhnliches: In den USA gibt es die Weekly World News («Elvis lebt!») und in Deutschland die Bild-Zeitung («Merkel lebt!»). Doch China wäre nicht GOFC (God's Own Fake Country), setzte die hiesige Krawallpresse nicht noch einen drauf: Es war rund einen Monat später, als mir der kleine Zeitungsverkäufer erneut in der U-Bahn begegnete. Alles war gleich, nur die Schlagzeile seines Blattes hatte sich verändert: «Andy Lau begeht Selbstmord.» Gerne hätte ich erfahren, wie das bei einem bereits Ermordeten funktionieren soll. Vielleicht mit dem Stromspargerät? («Setzt den Zähler auf null.») Doch als ich die Zeitung kaufen wollte, entpuppte sich – ob Sie's jetzt glauben oder nicht – der letzte Fünfzig-Yuan-Schein in meinem Portemonnaie als Fälschung.

32 Mein kein Pantoffelführerschein

Wenn man über China und die Chinesen mitreden will, kann es nicht schaden, Chinesisch zu lernen oder sich in die chinesische Geschichte und Kultur zu vertiefen. Wer aber China wirklich verstehen will, der braucht einen chinesischen Führerschein. Ich habe natürlich einen und darf damit kreuz und quer durch China brettern. Allerdings haben die zuständigen Stellen einiges versucht, um das zu verhindern.

Anfangs wiegten sie mich noch in Sicherheit. «Sie können die Theorie auch auf Deutsch machen», erklärte mir das Fräulein auf dem Prüfungsamt und verkaufte mir glatt ein Heftchen mit allen Prüfungsantworten in meiner alten Muttersprache. «Die Prüfung», antwortete ich da selbstbewusst, «habe ich bereits im Sack. Immerhin studiere ich den chinesischen Straßenverkehr seit längerer Zeit genauestens. So kenne ich aus eigener Anschauung die meisten Regeln.»

Meine Zuversicht schmolz dahin, als ich zum ersten Mal das Heft in die Hand nahm. Fast alle Antworten hatten mit der Praxis nichts zu tun; jedenfalls nicht die richtigen. Nehmen wir eine beliebige Frage aus dem Kapitel «Höflichkeit und Berufsmoral beim Fahren»: «Wenn Fahrzeug eine Strecke befährt, wo Hupen verboten ist, soll man a) dennoch hupen b) nicht hupen und auf die Verkehrsicherheit beachten c) je nach der Verkehrslage hupen.» Die korrekte Antwort lautet ganz klar a), denn hierzulande ist die Hupe wichtiger als der Motor; sekündlich werden in Peking mehrere tausend Alte, Bresthafte und Kinder hupend von der Straße geblasen. Im Heft aber war b) angekreuzt.

Meine Verwirrung steigerte sich bei Fragen, die das Überholen oder aber das Verhalten am Fußgängerüberweg betrafen. Im echten China haben Autos eingebaute Vorfahrt, wobei gilt: je größer der Wagen, desto eingebauter. Doch diese Antwort stand nicht da. Stattdessen erklärten die Verfasser, dass Fußgänger auf Zebrastreifen Vorrang haben. Wo lebten diese Leute? Selbst der chinesische Schriftsteller Bo Yang schreibt: «Unser Zebrastreifen dient dazu, dich auf die Straße zu locken, damit du vom Auto überfahren wirst.» Wer in China als Fußgänger auf seinem «Recht» beharrt, dessen Überlebenschancen sind so groß wie die eines fieberkranken, nackten Mannes während des antarktischen Winters am Südpol.

Wollte man mich also töten? Oder mich nur in den Wahnsinn treiben? Viele «korrekte» Antworten widersprachen sich nämlich gegenseitig, ohne dass es dafür eine Erklärung gab. Beispiel: «Wenn man Fahrzeuge betrunken fährt, muss der Führerschein a) mehr als 1 Monat und weniger als 3 Monate beschlagnahmt werden.» Das stimmte. Doch bloß eine Seite weiter ging die richtige Antwort so: «Wenn man Fahrzeuge betrunken fährt, wird ... der Führerschein mehr als 3 Monate und weniger als 6 Monate beschlagnahmt.» Genauso unlogisch ging's an der Ampel zu. Einmal durfte ich bei Gelb noch schnell durchhuschen, zwei Antworten weiter war das streng verboten.

Weil ich nun wissen wollte, was wirklich Sache ist, besorgte ich mir die chinesische Version des Heftchens und ließ mir die Antworten übersetzen. Da wurde dann akkurat zwischen «Alkohol getrunken» und «betrunken sein» unterschieden, was ein unterschiedliches Strafmaß ja durchaus rechtfertigt. So ähnlich war das auch bei der gelben Ampel, die im ersten Fall noch blinkte, im zweiten aber bereits auf volles Gelb umgesprungen war. Auch die englische Fassung kannte diese Unterscheidungen. Fragt sich nur, warum sich ausgerechnet die deutschen Antworten widersprachen: a) aus Bösartigkeit b) aus Blödheit c) als Strafe für die tendenziöse deutsche Tibetberichterstattung?

Meine Prüfungsvorbereitungen wurden zusätzlich dadurch erschwert, dass ich beim Lernen dauernd lachen musste. Was tut man, wenn man Zeuge eines Verkehrsunfalls wird? «Bei Untersuchung des Verkehrsunfalls haben die Beteiligten die Pflicht, a) Verkehrsunfallverlauf zu erdichten.» Ja, genau. Und worauf muss der achten, der im Sommer ein Fahrzeug fahren will? Darf er «a) keine Pantoffeln tragen b) keine Pantoffeln tragen, weil das nicht höflich und unsicher ist c) beliebige Schuhe tragen».

Nur b) ist richtig, aber erzählen Sie das mal einem Pekinger. Dann können Sie was erleben, denn «Fahrzeugfahrer können a) die anderen Fahrzeugfahrer herabwürdigen» bzw. «wenn Fahrzeugfahrer bei Fahren spucken will, a) kann er über den Fenster auf die Straße spucken» – und zwar Ihnen direkt vor die Füße.

Am Ende verfluchte ich mich, dass ich blindlings das deutsche Heft gewählt hatte. Was ein «Ölpedal» sein sollte, konnte ich gerade noch erschließen, aber was war «Viehvertrieb»? Nein, nicht Viehtrieb, wie auch ich zunächst glaubte, sondern – ein Pferdefuhrwerk. Die Sprache fiel manchmal aber auch ganz aus, wie bei Aufgabe 2179: «Lösung falsch» stand da über dem Schild für einen unbeschrankten Bahnübergang. Interessant, aber was war bloß die Frage?

Trotz allem habe ich die Theorie bestanden, wie und warum, das weiß ich selber nicht genau. Mit der Praxis hatte ich dann keine Probleme mehr. Ich ging erst mal einen trinken, schlüpfte anschließend in meine braunen Filzpantoffeln, setzte mich hinter das Steuer meines Mitsubishi Pajero, entblößte meinen Oberkörper, zündete mir eine Zigarette an, fuhr los und begann mit meiner niedlichen Dolmetscherin zu quatschen, während ich zwischendurch einmal mehr mit dem Handy telefonierte. Das waren zwar alles streng verbotene Sachen, doch schließlich fährt so jeder alteingesessene Pekinger. Und mal ehrlich: Wie sollen wir hier, verdammt nochmal, auf fünfmal mehr tödliche Verkehrsunfälle (umgerechnet auf die Gesamtzahl der Autos) kommen als die Amerikaner, wenn wir uns an die idiotischen Regeln halten?

33 Der Untergang des chinesischen Reiches

Seitdem es mit China wirtschaftlich steil aufwärtsgeht, also seit mehr als dreißig Jahren, wird alle Jubeljahre in den westlichen Medien vorhergesagt, dass dieses Wachstum schon sehr bald an sein Ende kommen werde. Dann werde es im Land Unruhen und Aufstände geben, was schließlich und unweigerlich zum Zusammenbruch des hiesigen Systems führen dürfte. Ein besonders herausragender Vertreter dieser These ist der chinesischstämmige Amerikaner Gordon G. Chang, dessen Buch «The Coming Collapse of China» zu einem Weltbestseller wurde. Darin meint Herr Chang, der große Fehler der chinesischen Regierung sei es, dass sie zu viel Geld ausgebe. Zudem arbeiteten die hiesigen Staatsbetriebe nicht wirtschaftlich. Trotzdem zwinge die Regierung die staatlichen Banken, diesen Betrieben Kredit zu geben. Deshalb sei auch das chinesische Bankwesen völlig marode und letztlich zahlungsunfähig. Chang geht in seinem Buch sogar so weit vorauszusagen, wann China zusammenbrechen wird: in spätestens fünf Jahren.

Ein wirklich eloquentes und überzeugendes Buch. Es hat nur zwei Fehler: Erstens kam es bereits 2001 heraus, und zweitens haben sich neuerdings viele Ursachen, die Chang für den Zusammenbruch der chinesischen Wirtschaft anführt, in Rezepte verwandelt, mit denen man seit 2008 versucht, die Wirtschaft in den USA und Europa zu sanieren. So ist das eben mit der Zukunft. Weil sie noch nicht passiert ist, halten sich viele für qualifiziert, ihren Senf dazuzugeben. Und wenn die Zukunft dann zur Vergangenheit geworden ist, sind die Bestseller längst verkauft und die falschen Prophezeiungen vergessen.

Weil also das Treffen von Vorhersagen mit keinerlei Risiko verbunden ist, will ich an dieser Stelle auch einmal eine Prognose wagen, denn schließlich glaube auch ich, dass China irgendwann in den nächsten Jahren zusammenbrechen wird, falls sich hier nichts ändert. Allerdings nicht aus wirtschaftlichen Gründen, sondern wegen der ultrascharfen Rauchverbotsgesetze, die seit Januar 2007 in der chinesischen Sonderverwaltungszone Hongkong gelten. Das sind die härtesten auf der Welt. Es darf hier nämlich nicht nur in allen Bürogebäuden, Einkaufszentren, Restaurants und Bars nicht geraucht werden, sondern auch nicht in Parks, im Freibad, am Strand und auf öffentlichen Grillplätzen, die mitten auf unbewohnten, einsamen Inseln liegen. Wer es trotzdem macht, hat bis zu fünftausend Hongkongdollar Strafe zu zahlen. Seit dem 1. Juli 2009 gilt das Rauchverbot auch in den allerletzten Raucherbars und Karaokeläden und bis dahin vom Verbot noch ausgenommenen Nachtclubs.

Doch selbst diese Einschränkungen gehen den Hongkonger Nichtraucheraktivisten nicht weit genug, wie ihre täglich in der South China Morning Post abgedruckten Leserbriefe beweisen. Hier beschwerte sich zum Beispiel ein Paul Surtees aus den Mid-Levels über Restaurantbesucher, die zum Rauchen vor die Türe gehen: «Ihre giftigen Dämpfe dringen in das Restaurant ein, obwohl sie technisch außerhalb sein mögen.» Ihm und anderen Rauchparanoikern versprach der Hongkonger Minister für Nahrung und Gesundheit, York Chow Yat Ngok, im Dezember 2008, das Endziel der Antiraucherkampagnen sei die «rauchfreie Stadt». Das heißt ja wohl, dass man dann Raucher bis in die eigenen vier Wände verfolgen wird.

Um zu verstehen, was das bedeutet, muss man zunächst

einmal begreifen, welche Rolle das Rauchen im Leben der Chinesen spielt. Sie sind das größte Rauchervolk dieser Erde, und zwar mit weitem Abstand: China stellt dreihundertfünfzig Millionen Raucher, das sind mehr, als die USA Einwohner hat, oder ein Drittel aller Raucher überhaupt. Die rauchten im Jahr 2007 ziemlich genau 2,14 Billionen Zigaretten weg. Ein Grund dafür: Vor nicht allzu langer Zeit galt das Inhalieren von Rauch als sehr gesund. So belehrte Mao Tse-tung einst seinen nicht ganz so klugen Arzt: «Rauchen ist eine gute Tiefenatmungsübung.»

Deshalb kostet eine Packung guter chinesischer Zigarettenarznei auch heute noch umgerechnet nur fünfzig Cent. Das ist auch sehr notwendig, denn ohne Zigaretten kriegt man in China noch nicht einmal eine Frau. Ich selbst war auf einer Hochzeit zu Gast, auf der der Bräutigam spezielle Hochzeitszigaretten mit dem Doppelglückszeichen an alle männlichen Gäste verteilte. Die Braut musste dann versuchen, jedem Gast eine anzuzünden, was andere Gäste durch kräftiges Spaßpusten zu verhindern suchten. Erst wenn alle Zigaretten brannten, konnte weitergeheiratet werden. Natürlich wird auch das Kind, das aus einer solchen Verbindung hervorgeht, so bald als möglich paffen. Deshalb sind auch alle großen Chinesen der Geschichte Kettenraucher gewesen, die ihre besten Ideen beim Rauchen hatten. Mao (Lieblingsmarke: 555, zu Kriegszeiten wohl auch Camel ohne) erfand dabei den Langen Marsch und die Kulturrevolution. Deng Xiaoping kam bei drei Päckchen Panda pro Tag auf die Idee, alle Maoismen wieder rückgängig zu machen. En passant erfand er das chinesische Wirtschaftswunder. Und Wahlchinese Helmut Schmidt («Deng ist mein ‹Hero›») fand in dem Buch «Nachbar China» bei geschätzten zwanzig Reyno Menthol pro Seite vieles, was Mao und Deng gemacht hatten, sehr gut. Alle drei Topraucher wurden übrigens auch sehr alt: Mao zweiundachtzig, Deng zweiundneunzig, Schmidt ist zur Zeit der Aktualisierung dieses Buches einundneunzig Jahre alt, dank Teer und Nikotin.

Angesichts dieser Tatsachen sind die neuen Hongkonger Anti-Rauchergesetze natürlich reiner Wahnsinn. Wahrscheinlich sterben sie hier demnächst alle aus, allein wegen fehlender Heiratsmöglichkeiten. Das wäre nun bei den Bewohnern von Spaßchina (siehe auch Seite 82) nicht allzu schlimm. Aber um den Rest von China mache ich mir große Sorgen. Weil die Festländer fast jeden Unsinn nachmachen, der in Hongkong vorgemacht wird, wird man sicher auch bei uns demnächst nicht mehr rauchen dürfen. Tatsächlich mehren sich dafür in letzter Zeit die Zeichen. Seit Januar 2009 stehen auf den chinesischen Zigarettenschachteln erstmals Warnhinweise. Zwar sind sie für unsere Ohren noch recht harmlos formuliert, doch brechen sie für die Chinesen radikal mit einem alten Glauben. Behauptet wird hier nämlich: «Rauchen schadet Ihrer Gesundheit. Früh mit dem Rauchen aufzuhören, ist gut für Ihre Gesundheit.» Zudem ist bereits in einigen gehobenen Restaurants das Rauchen verboten, und in Pekings Parks lungern Freiwillige herum, die Raucher ansprechen, um ihnen den Tabakgenuss zu verleiden.

Ab 2011 soll auch auf chinesischen Bildschirmen nicht mehr geraucht werden dürfen. Das wird fatale ästhetische Konsequenzen haben, denn bisher wurde in allen chinesischen Fernsehfilmen geraucht, was die Lunge hergab. Und wenn diese Regelung auch für Dokumentarfilme gelten sollte, dann ist künftig die Hälfte des Materials, das über die revolutionären Gründerväter des Neuen Chinas gedreht wurde, auf dem Bildschirm nicht mehr zeigbar.

Nein, es ist nicht wegzudiskutieren: Kommen auch in Festlandchina Rauchverbotsgesetze, dann geht das Riesenreich unter; erst recht, wenn man bedenkt, dass die staatliche Tabakmonopolgesellschaft im Moment noch neun Prozent aller chinesischen Steuern zahlt und hierfür so schnell keine Bionade-Fabrik in die Bresche springen wird. Deshalb gibt es auch nur eine Möglichkeit, die Volksrepublik China zu retten. Die Zigarette, die seit neuestem krank macht, muss wieder zur Arznei werden. Die Chinesen wären keine Chinesen, wenn sie dieses Unterfangen nicht bereits in Angriff genommen hätten. So sitzt eine Forschergruppe an der Chinesischen Akademie für Ingenieurswissenschaften an der Entwicklung einer «Zigarette chinesischen Stils». Nach Auskunft des beteiligten Forschers Zhu Zunquan ist die Gruppe schon erheblich weitergekommen. Anfang 2009 hatte sie jedenfalls schon fünf Patente angemeldet und den Prototyp einer Niedrigteerzigarette produziert. Die Forscher nennen sie «die verantwortliche Zigarette». Ein mehr als sinnvoller Name. Denn diese Zigarette ist letztlich verantwortlich für das Weiterbestehen der Chinesen, ihres Staates und damit wahrscheinlich auch der ganzen Welt.

Laut China Daily wurde in fast 63 Prozent aller in Festlandchina produzierten Fernsehsendungen der Jahre 2004 und 2005 geraucht. Jede Sendung enthielt etwa dreißig Rauchszenen. Das ist mindestens doppelt so viel wie in den Raucherfilmen Aki Kaurismäkis und wahrscheinlich immer noch ein paar Zichten mehr als in frühen «Kommissar»-Folgen. Der deutsche Kriminalfilm ließ ja auch schwer nach, als sich seine Kommissare nicht mehr in jeder zweiten Szene eine anzünden durften.

34 China im All

Als im September 2008 erstmals ein chinesischer Astronaut durchs All spazierte, rief das überall auf der Welt Begeisterung hervor. «Dieser Erfolg», schrieb die New York Times anerkennend, «war ein weiterer Schritt, um das Land als ökonomische und technologische Supermacht zu etablieren.» Die deutsche Presse allerdings berichtete über das Ereignis wenig oder höchstens geringschätzig, und beim Hämen tat sich einmal mehr Der Spiegel hervor. Der Ausflug, so bemerkte man spitz auf Spiegel online, sei erstens nur «insgesamt der zweihundertneunundachtzigste Weltraumspaziergang eines Astronauten», zweitens sei im Frühjahr auch schon der deutsche Astronaut Hans Schlegel durchs All spaziert, und drittens befänden sich die Chinesen mit der Exkursion nunmehr «auf dem Stand des amerikanischen Weltprogramms von 1967».

Dass das chinesische Weltraumprogramm viel besser und effektiver ist, als das amerikanische je war, davon hat das bekannte China-Basher-Magazin natürlich nichts geschrieben. So brauchten die Chinesen nur fünf Jahre, um nach ihrer ersten bemannten Weltraummission mit dem Raumschiff Shenzhou VII drei Menschen ins All zu schießen. Die drei Besatzungsmitglieder von Apollo 1 dagegen verbrannten im Januar 1967 noch am Boden in ihrer Weltraumkapsel. Wenn also der Spiegel meint, das chinesische Weltraumprogramm sei auf dem Niveau des amerikanischen von 1967, dann wären die chinesischen Astronauten nach ihrer Mission nicht im offenen Wagen durch Peking gefahren, sondern verbrutzelt auf einem mobilen Grill. Sie erfreuen sich allerdings bester Gesundheit. Das chinesische Raumfahrtprogramm ist nämlich enorm sicher. Der «Hochsicherheitsindex» des Programms, so haben chinesische Wissenschaftler in China Daily erklärt, liegt bei 0,997, was bedeutet, dass von tausend Astronauten neunhundertsiebenundneunzig sicher zur Erde zurückkehren. Der Grund für die hohe Sicherheit an Bord ist zunächst einmal die Tatsache, dass die Chinesen in der Lage sind zu improvisieren. Das zeigte sich deutlich beim Start des ersten bemannten chinesischen Raumschiffs Shenzhou IV am 30. Dezember 2002. Damals herrschten auf dem Weltraumbahnhof in der Inneren Mongolei Temperaturen von minus achtundzwanzig Grad. Eigentlich sollten Raumschiffe nicht bei diesen Temperaturen starten. 1986 ist die Raumfähre Challenger explodiert, weil sich bei Minusgraden eine Gummidichtung verformt hatte. Die Chinesen aber lösten das Kälteproblem einfach dadurch, dass sie die Rakete, wie das Magazin China Pictorial ausführlich beschrieb, in insgesamt zweihundert Baumwollsteppdecken einpackten.

Natürlich gelang der Start.

Ein zweiter Grund ist wohl, dass die Chinesen über Technologien verfügen müssen, von denen andere Nationen nur träumen. So konnte man schon zwei Tage vor dem Start von Shenzhou VII – was übrigens Göttliches Land Nr. 7 bedeutet – auf der Website der chinesischen Nachrichtenagentur Xinhua jedes Detail über den geglückten Start nachlesen. Ja, sogar die Originaldialoge in der Bodenkontrollstation waren protokolliert: «Der Luftdruck in der Kabine ist normal.» Dann war zu lesen, wie das Raumschiff nach dem Start «hinter dem Horizont verschwindet. Warmes Händeklatschen und begeisterter Jubel durchbrechen den nächtlichen Himmel, das Echo breitet sich über die Stille des Pazifischen Ozeans aus.»

Kurz darauf nahm Xinhua diese Geschichte wieder von der Website und entschuldigte sich, die Meldung sei aus Versehen durch den «technischen Fehler eines Technikers» an die Öffentlichkeit gelangt. Zwei Tage später aber hob Shenzhou VII tatsächlich ab, der Luftdruck in der Kabine war normal, und es spielte sich auch sonst alles genau so ab wie achtundvierzig Stunden zuvor gemeldet. Das kann ja nur bedeuten, dass die Chinesen über eine Zeitmaschine verfügen, von der die Welt jetzt durch den technischen Fehler dieses Technikers – man beachte die verräterische Wortwahl – aus Versehen erfahren hat. Vielleicht hatte auch jemand anderes seine Hand im Spiel. Gemäß einiger chinesischer Internetseiten – zum Beispiel dieser hier: www.sunwukong.cn/transportation/aviation,35183.aspx – lautet die Übersetzung für das Raumschiff nicht «Göttliches Land 7», sondern einfach nur «God 7».

Aber eigentlich kann das keine göttliche Mission gewesen sein, schließlich bestand die Besatzung von Shenzhou VII aus strengen Atheisten. Und nicht nur das. Die derzeit vierzehn ausgebildeten chinesischen Astronauten sind allesamt Mitglieder der Kommunistischen Partei. Da gemäß den Statuten drei KP-Mitglieder ausreichen, um eine Partei-Zelle aus der Taufe zu heben, hätte an Bord von Shenzhou VII bequem eine gegründet werden können. Diese Gründung ist auch tatsächlich vorgesehen, allerdings erst an Bord einer zukünftigen chinesischen Raumstation. Das hat der erste Astronaut Chinas, Major Yang Liwei, auf dem 17. Parteitag im Jahr 2007 angekündigt. Er hat auch gleich erklärt, was diese Zelle im All tun wird: «Die Politik der Partei studieren und unsere Meinungen über ihre Entscheidungen austauschen.» Sollte wider Erwarten tatsächlich mal ein Astronaut anderer

Meinung sein als die Parteiführung, haben wir ja immer noch den Koeffizienten: Wie gesagt, von tausend Astronauten kehren relativ sicher drei nicht zurück, aus welchen Gründen auch immer.

Der wichtigste Unterschied zwischen den amerikanischen Missionen und den chinesischen aber ist zweifellos das Essen. Während nach Auskünften der NASA an Bord der internationalen Raumstation ISS momentan hauptsächlich Pilzcremesuppe, Käsemakkaroni, Spiegeleier und Zerealien gegessen werden, dazu «catsup, mustard, mayonnaise, taco sauce and hot pepper sauce», hatten die drei Astronauten der Shenzhou-VII-Mission insgesamt achtzig Gerichte zur Auswahl, darunter Krabben, Rindfleischbällchen und gegrilltes Schweinefleisch. Es gab sogar echte Seeohren (auch Abalone genannt) zu essen, das sind Meerwasserschnecken, die pro Stück für bis zu siebzig Euro gehandelt werden. Und das Essen soll sogar noch besser werden. Das betonte Shenzhou-VII-Besatzungsmitglied Jing Haiping in Hongkong vor zweitausendfünfhundert raumfahrtbegeisterten Schülern, denen er einen Besuch abstattete. Bei den nächsten chinesischen Raumfahrtmissionen, so Oberst Jing, sollen auch Hongkonger Spezialitäten, wie Fischbällchen und Eiertörtchen, auf der Speisekarte stehen.

Das gute Essen an Bord der chinesischen Raumschiffe ist wahrscheinlich auch der eigentliche Grund, weshalb sich die Chinesen unmöglich an der internationalen Weltraumstation ISS beteiligen können. Hier wird der Speiseplan inzwischen etwa fifty-fifty von den amerikanischen und den russischen Astronauten bestimmt, deren terrestrische Küchen nicht nur in China als ungenießbar gelten. So werden die Chinesen eben ihre eigene Weltraumstation bauen müssen, komplett mit eigener Weltraumküche – und wahrscheinlich einem dort fest-installierten Fünf-Galaxien-Koch.

Die Einweihung der Station ist für das Jahr 2012 vorgesehen. Im selben Jahr könnte auch das erste chinesische Fahrzeug auf dem Mond herumkurven. Noch vor 2020 will man dann den ersten Chinesen auf den Mond bringen. Doch wozu? Was die Amerikaner im All und auf dem Erdtrabanten wollten, weiß eigentlich jeder: die Teflonpfanne entwickeln. Nachdem das geglückt war, wurde ihr Weltraumprogramm langsam zurückgefahren, und der Betrieb der internationalen Weltraumstation soll 2011 eingestellt werden. Aber die Chinesen?

Als gesichert kann gelten, dass sie sich für das All und den Mond eigentlich nicht besonders interessieren. Das machte auch Shenzhou-VII-Kommandant Zhai Zigang noch einmal deutlich, als er öffentlich erklärte: «Ich würde die Ausrüstung eines chinesischen Raumschiffs durch einen Fernseher ergänzen, damit ich Nachrichten schauen kann.» Machen wir uns nichts vor, bei Nachrichten bliebe es nicht. Wenn aber die Chinesen auf dem Mond ohnehin nur chinesisches Fernsehen gucken wollen, könnten sie das doch viel billiger und bequemer zu Hause tun.

Was die Chinesen tatsächlich in die Ferne des Weltalls treibt, weiß höchstwahrscheinlich wieder mal nur ich. Auf meinen ausgedehnten Reisen durch China konnte ich nämlich die Beobachtung machen, dass überall dort, wo es spektakuläre Landschaften zu besichtigen gibt, auch Eintritt genommen wird, egal, ob es sich um Flussbiegungen, Grasland oder bizarre Berge handelt. Deshalb bin ich mir sicher, dass die ersten chinesischen Mondmissionare auf jeden Fall ein Kassenhäuschen dabeihaben werden. Das wird auf dem Mond aufgestellt, und anschließend wird von jedem, der dort eintrifft, ordentlich abkassiert. Damit finanzieren die Chinesen dann den Rest des Weltraumprogramms. Worin der besteht, hat ein Mann namens Weibo am 28. September 2008 um 20:03 Uhr auf der China Daily-Website in einem Kommentar zur Weltraumspaziergangsmeldung skizziert: «Das ist erst der Anfang. Chinas Ziel ist, durchs ganze Universum zu reisen und überall zu leben.» Und ob Sie's glauben oder nicht: Die chinesische Zentralbank hat bereits die Währung geprägt, die dann intergalaktisch gelten wird: Goldmünzen im Nennwert von hundertfünfzig Yuan, die auf der Frontseite das Sonnensystem zeigen. Wer so weit im Voraus plant, der ist natürlich auch auf Begegnungen im All bestens vorbereitet. So antwortete Shenzhou-VII-Besatzungsmitglied Liu Bonming der Hongkonger Tageszeitung South China Morning Post auf die Frage, was er bei einer Begegnung mit Außerirdischen machen würde: «Ich kann Körpersprache, um meine Freundschaft zu kommunizieren.»

Was aber, wenn die Außerirdischen nicht freundlich gesinnt sind? Kein Problem: Wie jeder aus unendlich vielen chinesischen Filmen weiß, beherrscht jeder Chinese auch eine Körpersprache, mit der er seine Feindschaft kommunizieren kann: Kung Fu! Ich würde mich jedenfalls warm anziehen, wenn ich ein Alien wäre.

V Das große China-Abitur

35 Alle Chinas dieser Welt

Seitdem ich mit meiner rasanten Dolmetscherin die Welt bereise, habe ich plötzlich überall eine Familie. Schließlich gibt es wohl keinen Winkel mehr auf diesem Planeten, wo keine Chinesen leben. So addieren sich zu den momentan 1 330 141 295 Bewohnern Festlandchinas noch einmal rund vierzig Millionen sogenannter Überseechinesen, wobei man der Korrektheit halber festhalten muss, dass nicht alle Bewohner Festlandchinas auch Chinesen sind, nur fast, nämlich 91,5 Prozent. Dazu kommen noch die sieben Millionen bzw. 567 957 Chinesen, die in den Spezialverwaltungszonen Hongkong respektive Macau leben, sowie die 23 024 956 Einwohner Taiwans.

Hongkong hatten wir in diesem Crashkurs ja bereits durchgenommen, und über Hongkongs kleinen Spezialverwaltungsbruder Macau ist nicht viel zu sagen. Außer vielleicht, dass es hier noch etwas spaßiger zugeht als in Spaßchina. Macau ist also eine Art Superspaßchina und lebt von Glücksspiel und von Bestechungsgeldern. Das bringt so viel ein, dass man sich davon neben Kantonesisch die Zweitsprache Portugiesisch leisten kann. Obwohl es heute praktisch niemanden mehr gibt, der die Sprache der ehemaligen Kolonialherren versteht – nur 0,6 Prozent der Bevölkerung können heute noch Portugiesisch –, ist die ganze Stadt damit ausgeschildert. Außerdem findet in Macau seit 2009 eine Sexmesse statt. Bei der Premiere malte ein Australier Porträts von Präsident Obama und seinem republikanischen Herausforderer McCain, allerdings statt mit einem Pinsel mit seinem Penis.

Regiert wird das Zipfelchen China (28,2 Quadratkilometer; ungefähr zehnmal kleiner als Bielefeld) seit Ende 2009 offiziell von Fernando Chui, tatsächlich aber von dem Hongkonger Unternehmer Stanley Ho, der hier einst das Glücksspielmonopol besaß. Hos Vermögen wird auf sieben Milliarden US-Dollar geschätzt, davon kauft er sich hin und wieder zweihundertachtzehn Karat schwere Diamanten («The Star of Stanley Ho») oder kiloschwere weiße Trüffel. Auch das zum Spaß natürlich. Nicht so viel Spaß haben Herr Leung «Long Hair» Kwok-hung und andere Abgeordnete aus dem Hongkonger demokratischen Lager in Macau, denn ihnen wird in letzter Zeit gerne die Einreise verweigert.

Auch unsere abtrünnige Provinz Taiwan ist im gesamtchinesischen Kosmos nicht so wichtig. Nachdem 1949 der Bürgerkrieg in China beendet war, hatte sich die unterlegene nationalistische Kuomintang-Partei auf diese Insel gerettet. Einundzwanzig lange Jahre versuchte die Volksrepublik China, die Wiedervereinigung mittels Granatenbeschuss der zu Taiwan gehörenden Insel Quemoy zu erzwingen, was von der Inselarmee ebenfalls mit Granatfeuer beantwortet wurde. Bei dieser Ballerei erlitten zwar beide Seiten kaum Verluste, aber als die Volksbefreiungsarmee einmal vierundvierzig Tage lang ohne Unterbrechung gefeuert hatte, sollen ihr tatsächlich die Granatenvorräte ausgegangen sein. Vielleicht wurde ja auch deshalb am Neujahrstag 1979 der Beschuss überraschend eingestellt. Seitdem versucht man, die Wiedervereinigung mit Anführungsstrichen herbeizuführen. Das heißt, wenn in der festlandchinesischen Presse von der taiwanesischen «Regierung» oder dem taiwanesischen «Präsidenten» die Rede ist, stehen diese Begriffe durchweg in Tüttelchen. Dieses Vorgehen hat ja in der Geschichte bereits schöne Erfolge gezeitigt. So konnte die DDR die Anführungszeichen, in die sie der Westen setzte, irgendwann nicht mehr ertragen und gab auf, um sich wiedervereinigen zu lassen. Dasselbe wird sicher in absehbarer Zeit auch mit Taiwan passieren.

Die einzige Schwierigkeit, auf die man bei der Vereinigung treffen wird, sind die altchinesischen Langzeichen, die auf Taiwan, genauso wie in Hongkong und Macau, noch benutzt werden. Auf dem Festland sind nämlich seit der Schriftreform in den fünfziger und sechziger Jahren vereinfachte Zeichen üblich. Sonst wird auch nach der Vereinigung gewiss alles so bleiben, wie es ist, das heißt, Taiwan wird das Festland weiter hauptsächlich mit Soft-Pop (Jay Chou, S. H. E, Wang Lee-Hom) und lustigen Filmen versorgen.

Die Bewohner Hongkongs, Macaus und Taiwans zählen allerdings nicht zu den Überseechinesen, auch wenn zwischen Festlandchina und Taiwan das Ostchinesische Meer liegt. Die drei Territorien werden zusammen mit dem Festland «Greater China» genannt. Doch eigentlich müsste unser ganzer Planet so heißen, weil überall dort, wo ein Chinese lebt, auch ein Stück China ist. Wie wir in Lektion zwei gelernt haben, stellen die Überseechinesen im Staat Singapur sogar die Mehrheit der Bevölkerung. In anderen Ländern Südostasiens bilden sie große Minderheiten. In Thailand sind 11,7 Prozent chinesischstämmig, in Indonesien, Vietnam und Myanmar je drei Prozent. In Malaysia leben sieben Millionen Überseechinesen. Das sind immerhin ein Viertel der Bevölkerung. In fünf von neun Bundesstaaten und fast allen Großstädten sind sie bereits in der Mehrheit. Wenn ich in diesen Regionen mit meiner Dolmetscherin unterwegs bin, profitiere ich nicht wenig von dieser Verstreutheit der Chinesen. Im «Neue Moral Snack»-Restaurant im myanmarischen Mandalay zum Beispiel unterhielten wir uns zwei Stunden lang mit einem alten Mann, der an der Südküste Chinas aufgewachsen war, dann in den Dreißigern in Shanghai studiert hatte, um schließlich mit den nationalistischen Kuomintang-Truppen in Burma zu landen. Er trug eine Pelzmütze und rief die ganze Zeit: «Ich bin zweiundneunzig Jahre alt. Glaubt ihr das?» Der Wirt des Restaurants war sein Sohn und bereits in Burma geboren. Er gab uns Rabatt, weil wir uns so prächtig mit dem Alten verstanden und zudem aus der alten Heimat kamen. Im Restaurant am Busbahnhof in Phnom Penh bestellten wir problemlos unser Essen, denn die Speisekarte war nicht nur auf Khmer, sondern auch auf Chinesisch. Außerdem gab es hier ein paar gute Tipps für die Weiterreise.

Auf Bali krähte uns ein kleiner Mann fröhlich an: «Ich bin auch Chinese.» Das stimmte wohl, auch wenn er keineswegs so aussah und auch kaum mehr Chinesisch sprach als ich. Er zeigte uns einen buddhistisch-daoistischen Tempel, wo meine Dolmetscherin dem durchweg chinesischstämmigen Personal mehrere chinesische Inschriften übersetzte, die es selbst nicht lesen konnte.

Noch besser erging es uns in Bandar Seri Begawan, der Hauptstadt des Sultanats Brunei auf der Rieseninsel Borneo. Hier sind fünfzehn Prozent der Einwohner Chinesen. Einer von ihnen, ein Taxifahrer, rettete uns vor der bruneiischen Taxifahrermafia. Er fuhr uns zum normalen Tarif, zu dem man hierzulande Ausländer normalerweise nicht transportiert. Dabei verriet er uns die Adresse einer Flüsterkneipe, in der man Alkohol ausschenkte. Das ist in dem islamischen Land eigentlich streng verboten, doch Chinesen kennen eben überall einen Weg. Auf jeden Fall hätten wir ohne unseren chinesischen Bruder geschlagene drei Tage auf dem Trockenen gesessen. Auch in dem von Fundamentalisten regierten malaysischen Bundesstaat Kelantan kann man sich bei der Bierversorgung eigentlich nur auf Chinesen verlassen. Man achte hier besonders auf chinesische Omas, die in ihren Kramläden hinter großen Mengen Softdrinkdosen meistens ein paar Flaschen Tiger-Bier gelagert haben.

Doch auch jenseits der Grenzen Südostasiens können meine Dolmetscherin und ich auf chinesische Unterstützung rechnen. In Australien beispielsweise leben fast siebenhunderttausend ethnische Chinesen, davon die Hälfte in Sydney. Und wie man aus zahlreichen Filmen weiß («Chinatown», «Im Jahr des Drachen», «Rush Hour»), gibt es auch in den USA unzählige Chinesen. Die ersten trafen hier bereits im Jahr 1820 ein. 2007 war ihre Zahl nach Angaben des U.S. Census Bureau auf genau 3 538 407 angewachsen. Unter ihnen sind etliche amerikanische Weltberühmtheiten, wie der 1917 in Kanton geborene Architekt Ieoh Ming Pei, die Modeschöpferin Wang Weiwei, besser bekannt als Vera Wang, oder die Schauspielerin Lucy Liu, die in New York geboren wurde.

Prozentual etwa viermal so viele Chinesischstämmige wie in den USA leben in Kanada, wo sie 2006 exakt 4,3 Prozent der Bevölkerung ausmachten. Besonders stark ist ihr Anteil in der Provinz British Columbia (10 %), in der größten Stadt dieser Provinz Vancouver (17 %) und in Toronto (9 %). So sollte es niemanden wundern, dass Kanada inzwischen von allen westlichen Ländern das chinesischste ist. Hier erscheinen verschiedene chinesische Zeitungen in großen Auflagen, zum chinesischen Neujahrstag werden Sonderbriefmarken herausgegeben, und wer sonntags in die Kirche gehen will, kann allein in Toronto unter siebenundneunzig chinesisch-protestantischen Kirchen wählen.

Das Kanada Lateinamerikas heißt Panama, wo fünf Prozent der Einwohner ursprünglich aus China stammen. Shey Ling Him Gordon, die Miss Panama 2007, ist eine von ihnen. Auf dem südamerikanischen Kontinent aber führt Peru mit 1,3 Millionen ethnischer Chinesen die Einwanderungshitliste an. Früher existierte die größte chinesische Gemeinschaft Lateinamerikas auf Kuba, wohin allein zwischen den Jahren 1847 und 1874 hundertfünfundzwanzigtausend Chinesen als billige Zuckerrohrplantagenarbeiter verschifft wurden. 1990 war der Anteil der Kubaner, die sich selbst als chinesischstämmig definierten, auf rund siebentausend geschrumpft. Das ist wohl auch der Grund, weshalb man heute in der Chinatown Havannas, dem Barrio Chino, hauptsächlich spanischstämmige Kubaner herumwuseln sieht, die sich falsche Zöpfe an ihre Chinesenkappen kleben und erfundene chinesische Schriftzeichen an die Restaurants schreiben. Immerhin: Einer der berühmtesten modernen Maler Kubas hieß Wilfredo Lam. Er war ein guter Freund Picassos und ein echter ethnischer Chinese, wenigstens so halb.

Es gibt natürlich auch Chinatowns in Afrika, z.B. in Johannesburg, auf Madagaskar und Mauritius. Im marokkanischen Casablanca soll die bisher einzige größere Chinatown der arabischen Welt liegen. Auf der tansanischen Insel Sansibar lebt sogar noch eine Handvoll Nachfahren der chinesischen Seeleute, die zu Beginn des fünfzehnten Jahrhunderts auf einer der Entdeckungsfahrten des Ming-Admirals Zheng He hierherkamen. Allerdings sind diese Leute äußerlich kaum noch als Chinesen auszumachen. Anders sieht das in der Antarktis aus. Auch hier kann man seit ein paar Jahren auf Chinesen treffen, die jedoch ganz frisch aus der Volksrepublik kommen. Sie bewohnen drei chinesische Forschungsstationen, von denen zwei an der Küste liegen. Eine erste Station im Inlandeis wurde im Februar 2009 eröffnet. Sie heißt «Kunlun», ist momentan noch zweihundertdreiundsechzig Quadratmeter groß und bietet immerhin zwanzig Leuten Wohnraum.

Im alten Europa sind Chinesen schon länger zu Hause als am Südpol, am längsten in Großbritannien. Mit rund einer halben Million Mitgliedern ist diese Gemeinschaft wahrscheinlich die größte dieses Kontinents. Das schlägt sich natürlich im Stadtbild der verschiedenen Großstädte nieder. Chinatowns oder zumindest chinesisch geprägte Straßen gibt es u.a. in London, Manchester, Liverpool, Glasgow, Edinburgh und Leeds. Auch Frankreich ist bis heute ein Schwerpunkt chinesischer Auswanderung, und so finden sich in Paris gleich mehrere chinesische bzw. asiatische Quartiere. In vielen europäischen Staaten existieren Stadtteile, die von ethnischen Chinesen bewohnt werden, und selbst in Deutschland gab es in der ersten Hälfte des zwanzigsten Jahrhunderts ein kleines Chinatown rund um die Schmuckstraße im Hamburger Stadtteil Sankt Pauli. Die Gemeinschaft wurde im Mai 1944 von den Nazis zerstört, als die Gestapo in einer Nacht-und-Nebel-Aktion die letzten hundertfünfundsechzig Chinesen verhaftete und sie in das Arbeitslager «Langer Morgen» abtransportierte. Mindestens siebzehn von ihnen wurden hier umgebracht.

Nach dem Krieg konnten sich nur wenige Chinesen überwinden, weiter in einem Land zu leben, in dem so etwas passieren konnte. In Hamburg blieb angeblich nur ein einziger, der hier das erste Hamburger Nachkriegs-Chinarestaurant eröffnete. Auch in den Folgejahren sollte die Zahl der Chinesen in Deutschland nicht sonderlich wachsen. Das änderte sich erst in den neunziger Jahren. Inzwischen leben dort rund hunderttausend Chinesen, von denen sich pro Jahr ungefähr eintausend einbürgern lassen. Ziemlich sicher werden es in den nächsten Jahren noch mehr werden. So bilden chinesische Studenten seit ein paar Jahren die größte ausländische Gruppe an deutschen Universitäten, und erfahrungsgemäß lassen sich nach Beendigung des Studiums etliche davon in ihrem Gastland nieder.

Aber nicht nur in Deutschland steigt die Zahl der Chinesen durch Einwanderung rasant an. Im Vereinigten Königreich wächst sie jährlich um über zehn Prozent, in Kanada waren es zwischen 2001 bis 2006 insgesamt achtzehn Prozent. Weil die Chinesen also weltweit expandieren, werden momentan überall neue Chinatowns geplant, unter anderem in Sankt Petersburg, im schottischen Aberdeen oder in den Suburbs von Bangladeshs Hauptstadt Dhaka. Auch in Deutschland schreitet die Sinisierung der Städte mit großen Schritten voran. Im brandenburgischen Oranienburg ist zwar die geplante Errichtung einer Chinatown für zweitausend Menschen vorerst gescheitert, dafür siedeln sich in der Berliner Kantstraße von Tag zu Tag mehr chinesische Läden, Restaurants und Menschen an. Urberliner Spaßvögel haben deshalb bereits gefordert, sie in Kantonstraße umzubenennen.

Weil aber die Chinesen traditionell sehr rührig sind, gewinnen sie in ihren neuen Heimatländern auch immer mehr an wirtschaftlichem und politischem Einfluss. Ein schönes

Beispiel dafür ist Thailand, wo die ethnischen Chinesen zwar lediglich gut zehn Prozent der Bevölkerung stellen, gleichzeitig aber einen Großteil der siebenundzwanzig bisherigen Premierminister. So kann der ehemalige umstrittene Premierminister Thaksin Shinawatra ebenso auf chinesische Vorfahren verweisen wie der aktuell regierende Abhisit Vejjajiva. Dabei kommen beide aus unterschiedlichen Lagern, die sich gegenseitig bis aufs Messer bekämpfen. Chinesischstämmige Präsidenten außerhalb von Ländern mit mehrheitlich chinesischer Bevölkerung gab oder gibt es im südamerikanischen Guyana, in Papua-Neuguinea und Französisch-Polynesien. In Kanada waren oder sind gleich mehrere Abgeordnete, Senatoren, Staatssekretäre und Minister chinesischen Ursprungs. Und in Sydney und Bora Bora stellte die chinesische Gemeinschaft lange Zeit den Bürgermeister.

In den USA hat der Einfluss der chinesischstämmigen Amerikaner in den letzten Jahren ganz besonders zugenommen. Zhao Xiaolan, die für Westler Elaine Lan Chao heißt, war 2001 die erste ethnische Chinesin, die amerikanische Staatsministerin wurde. Sie blieb Arbeitsministerin bis 2009 und war damit das einzige Kabinettsmitglied, das die gesamte Amtszeit des unglückseligen Präsidenten George W. Bush durchhielt. Schlauerweise verdoppelte Präsident Obama bei seinem Amtsantritt gleich die Zahl der amerikanischen Chinesen in seinem Kabinett. Der Physiknobelpreisträger Zhu Li Wen, alias Steve Chu, wurde Energieminister, und Luo Jiahu, alias Gary Fay Locke, Handelsminister. Der nächste oder übernächste Präsident der USA wird dann wahrscheinlich auch ein sogenannter ABC sein, ein in Amerika geborener Chinese. Das ist letztlich auch nur logisch und gerecht, weil ja die Chinesen in der Volksrepublik US-amerikanische Staatsanleihen im Wert von mehreren hundert Milliarden Dollar besitzen und ihnen damit der größte Teil des maroden Landes sowieso schon gehört.

Natürlich ist es uneingeschränkt zu begrüßen, dass die Chinesen langfristig auf diesem Planeten die Macht übernehmen werden. Im Großen und Ganzen sind es vernünftige Menschen, die auf Ausgleich und Verständigung bedacht sind. Und anders als die USA und Deutschland haben sie in den letzten dreißig Jahren keinen Krieg mehr geführt. Vor allem aber: Praktisch überall dort, wo Chinesen etwas zu sagen haben, wächst die Wirtschaft. So blieb zum Beispiel während der Wirtschaftskrise 1997 von allen kanadischen Provinzen einzig British Columbia von einer Rezession verschont, was auf den hohen Prozentsatz der hier lebenden Chinesen zurückgeführt wurde. Es wird also langsam Zeit, dass auch Deutschland einen Bundeskanzler oder eine Bundeskanzlerin bekommt, der oder die mit Nachnamen Wang, Chen oder Li heißt.

Das Schönste an dem wachsenden Einfluss der Chinesen auf der ganzen Welt aber ist, dass wir beide, Sie und ich, davon in ganz besonderer Weise einen Vorteil haben. Ich, weil ich in Peking und damit in der zukünftigen Welthauptstadt lebe. Und Sie, weil Sie in dem Moment, in dem Sie diesen Satz hier lesen, das große China-Abitur bestanden haben. Jetzt wissen Sie wirklich alles, was man zum Mitreden über China braucht. Hängen Sie sich doch ein selbstgemaltes Zeugnis über Ihren Schreibtisch. Aber vergessen Sie bitte nicht, jedem zu erzählen, von wem Sie Ihre Weisheiten haben. Es könnte nämlich sein, dass ich einmal ganz überraschend vorbeikomme und Ihnen ein paar Prüfungsfragen stelle. Zum Beispiel: Wie viele ethnische Chinesen wohnten 2007 in den USA? Oder: Wie viele Millionen Tonnen Apfelsaftkonzentrat stellt die chinesische Apfelsaftwirtschaft jährlich her? Fangen Sie deshalb am besten gleich damit an, dieses Buch noch einmal von vorne zu lesen. Oder noch besser: Kaufen Sie sich noch ein Buch, denn mit einem ungelesenen lernt es sich nochmal so gut. Garantiert! Oder wie die Chinesen sagen würden: Wo bao zheng!

Deutschland muss ja nicht gleich zum zweiten Kiribati werden. In diesem pazifischen Inselstaat heißt der amtierende Präsident mit Vornamen Anote, und der Führer der stärksten Oppositionspartei Harry. Beide sind ethnische Chinesen, heißen mit Nachnamen Tong und sind dazu noch Brüder. Allerdings sind sie nicht besonders gut aufeinander zu sprechen. Bei der Präsidentschaftswahl 2003 unterlag der ältere Harry dem jüngeren Anote. An der Wahl 2007 nahm Harry nicht mehr teil, weil ihn sein kleiner Bruder kurzerhand ausgeschlossen hatte.

Praktisches Chinesisch – die wichtigsten Sätze

In jeder Situation

Bù, wŏ bú shì dé guó rén. Wŏ shì liè zhī dūn shì dēng rén.	Nein, ich bin kein Deutscher. Ich komme aus Liechtenstein.
Wŏ wú suŏ weì.	Das ist mir egal.
Mĕi yŏu yì sī.	Uninteressant.
Suàn lè bā.	Vergiss es.
Meí zhé.	Kann man nichts machen.
Wŏ tīng bù dŏng.	Ich verstehe nicht.
Bié xiào wŏ.	Bitte machen Sie sich nicht über mich lustig.

Im Taxi

Yòu shŏu dè dà mŭ zhĭ cháo zuŏ.	Rechts. Das ist da, wo der Daumen links ist.
Zhè gè dì fāng, nĭ zhēn rèn shī mā?	Kennen Sie diesen Ort wirklich?

Suàn lē. Ràng wǒ zài zhè xià chē. Dàn wǒ zhǐ fù yí bàn dē qián.

Egal. Lassen Sie mich hier raus. Ich zahle aber nur die Hälfte.

In der Kunstgalerie

A, Máo zhǔ xí xiàng, kě lè píng hé mǎ lì lián mèng lù dōu huà zaì yì zhāng huà shàng. zhè yàng dē huà wǒ kě cóng lái méi jiàn guò.

Oh, der Vorsitzende Mao, eine Cola-Flasche und Marilyn Monroe auf einem Bild. So was habe ich ja noch nie gesehen.

Beim Einkaufen

Zhè gè chāo A dē láo lì shì tài guì lè. yǒu méi yǒu pián yì diǎn dē jiǎ huò?

Diese Qualitätsfake-Rolex ist mir zu teuer. Haben Sie keine normalen Kopien?

Im Buddhisten-Tempel

Xiǎng chéng wéi bǎi wàn fù wēng yào bài nǎ gè shén? Zài nǎ néng biàn chéng yì wàn fù wēng?

Wo kann ich beten, um Millionär zu werden? Und wo werde ich Milliardär?

Bei einer Einladung zur großen Innereienplatte im Restaurant

Wǒ shì yóu tài rén, zhǐ néng chī yóu tài jiào yún xǔ dē shí wù.	Ich bin Jude, ich esse nur koscheres Essen.

Auf der Straße

Bù, wǒ bú xiǎng qù nǔ shì jiǔ bā.	Nein, ich will in keine Lady-Bar!

In der Kneipe

Huān lè shí guāng shì shén mè shí hòu?	Wann ist Happy Hour?
Nà gè fēi lì bīn yuè duì kě yǐ bú chàng «jiā zhōu bīn guǎn» mā?	Kann die philippinische Cover-Band etwas anderes spielen als «Hotel California»?

Im Punk-Schuppen

Wǒ céng jīng shì yí gè péng kè yuè duì dè jīng lǐ. wǒ ké yǐ mō yì mō nǐ dè jiǎ fà mā?	Ich war mal Manager einer Punk-Band. Darf ich deinen Irokesen anfassen?
Ai yā, zhè gè dà má ràng wǒ xiáng qǐ wǒ nián qīng dè shí hòu.	Ach, dieser Gras-Joint erinnert mich an meine Jugend.

Wieder auf der Straße

Wǒ yào qù nǔ shì jiǔ bā!	Ich will doch in die Lady-Bar!

In der Lady-Bar

Tài bàng lè. Hē zhōng guó dè bái jiǔ jiù xiàng hē shǔi yí yàng.	Super. Dieser chinesische Schnaps trinkt sich ja wie Wasser.

Nach der Lady-Bar

Cháng jiāng mó tuó chē kuài jí lē.	Dieses Chang-Jiang-Motorrad geht ab wie eine Rakete.

Bei der Alkoholkontrolle

Jíng chá tóng zhì, wǒ zhǐ hē lè yì bēi. Nín yào bú yào lái yì zhī tè gùi dè yān?	Ich habe nur ein Glas getrunken, Wachtmeister. Rauchen Sie eigentlich gerne teure Zigaretten?

Alternative a) Im Gefängnis

Nín néng gĕi dé guó dà shĭ guăn dè wén huà cān zàn dă gè diàn huà mā? Nín zhī dào mā, wŏ céng jīng shì yí gè péng kè yuè duì dè jīng lĭ.	Könnten Sie den Kulturattaché der deutschen Botschaft anrufen? Wissen Sie, ich war mal Manager einer Punk-Band.

Alternative b) Im Hotel

Wŏ dè mén yào shí diū lē. Haĭ yŏu wŏ bă wŏ dè pí bāo, wŏ dè hù zhào hé wŏ dè miàn zī dōu diū guāng lē.	Ich habe meinen Zimmerschlüssel verloren. Ich habe auch meine Brieftasche, meinen Pass und mein Gesicht verloren.

Beim Arzt am nächsten Morgen

Wŏ xiăng wŏ kĕ néng dé lè yĭ xíng năo yán.	Ich glaube, ich habe japanische Enzephalitis.

Das werden Sie auf der Straße hören:

Hello!	Guten Tag. Ich spreche sehr gut Englisch.
Okay? Okay!	Können wir das so machen?

Wài guó rén!	Ausländer!
Lǎo wài!	Ausländer! (wörtlich: Alter von draußen)
Guǐ lǎo!	Ein Gespenst! (im Süden Chinas: umgangssprachlich für «Weißer»)
Yáng gǖi zī!	Ausländer! (wörtlich: ausländischer Teufel)
Nǐ dè zhōng wén hěn hǎo.	Dein Chinesisch ist sehr gut. (Meint: Ich verstehe kein Wort von dem, was du sagst.)
Nǐ jiē hūn lè mā?	Bist du verheiratet?
Nǐ zhèng duō shǎo qián?	Was verdienst du?
Tài shǎo lè.	Das ist doch viel zu wenig.
Cào nǐ zǔ zōng shí bā dài!	Fick deine Vorfahren bis in die achtzehnte Generation!

Register

Noch mehr Stoff: die fünfzehn tollsten China-Bücher

Wer sich nach dem bestandenen China-Abitur noch weiterbilden will, dem seien diese Bücher hier empfohlen. Dabei handelt es sich eventuell nicht um die besten China-Bücher aller Zeiten, denn es ist eine sehr persönliche Auswahl. Sie ist auch nicht endgültig und wird sich in den folgenden Auflagen dieses Buches sicher wieder ändern. Diese Aufstellung gibt den Stand vom Sommer 2010 wieder. Einige der besten Bücher sind leider nur auf Englisch erhältlich. Ob an dieser Tatsache die deutschen Verlage schuld sind oder aber die deutschen Leser, entzieht sich meiner Kenntnis. Im Zweifel natürlich immer die Verlage.

Dirk Baecker u.a.: Kontroverse über China. Sino-Philosophie. Berlin 2008. Zoff im Reich der Sinologie. Die Bonner gegen die Bochumer. Mit einer gepfefferten Attacke des Bonner Sinologieprofessors Wolfgang Kubin: «Nun ist es eine Tatsache, dass Sinologen in der Regel nicht denken können, weil sie nicht denken wollen, können oder dürfen. Ihnen fehlen für das große Geschäft des Denkens der Blick über den Tellerrand und die Methode.» Für Philosophiefexe.

Georg Blume: China ist kein Reich des Bösen: Trotz Tibet muss Berlin auf Peking setzen. Hamburg 2008. Trotz des bescheuerten Untertitels ein guter Essay des ehemaligen Zeit- und taz-Korrespondenten in Peking über die Tibet-Politik der chinesischen Regierung und die deutschen Reaktionen.

Lucian Busse, George Lindt, Susanne Messmer: Beijing Bubbles. Punk and Rock in China's Capital. Fly Fast Records 2008. Fast alles über Pekings Punk- und Rockszene auf DVD und in einem opulenten Begleitbuch. Auf Englisch und Deutsch und mit ganz viel Joyside.

Dieter Hassenpflug: Der urbane Code Chinas. Basel 2009. Überzeugend erklärt der Soziologe, weshalb moderne chinesische Städte anders aussehen und funktionieren als moderne westliche Städte. Weshalb das Buch vor Umschriftfehlern wimmelt, erklärt er leider nicht. Trotz dieses Mangels und einem überflüssigen «Einführung-in-die-Semiotik-Kapitel»: Ein grundlegendes Werk.

Peter Hessler: River Town. Two Years on the Yangtse. New York 2001. Ein Amerikaner als einziger Ausländer zwei Jahre lang in einer chinesischen Provinzstadt. «If you read only one book about China, let it be this», schrieb der Historiker und Journalist Jonathan Mirsky. Da kannte er allerdings «Bliefe von dlüben» noch nicht.

Mark Leonard: Was denkt China. München 2009. Über welche Fragen diskutieren Chinas Intellektuelle und Politiker? Wer steht rechts, wer links? Was denken sie über Chinas künftigen Einfluss auf den Rest der Welt? Das sollte man wissen.

Yang Liu: Ost trifft West. Mainz 2007. Frau Liu wohnt in Berlin und Peking und reduziert in diesem schönen Buch die Unterschiede zwischen Deutschen und Chinesen auf sechsundachtzig Piktogramme. Besser als jeder «Culture Shock»-Reiseführer.

Susanne Messmer: Chinageschichten. Berlin 2009. Die ehemalige taz-Redakteurin wollte wissen, weshalb alte Menschen in China so lebendig wirken und «warum sie gar nicht dem westlichen Klischee der konformen Gesellschaft China entsprechen». Kurzerhand befragte sie 2008 und 2009 zwölf hochbetagte Pekinger zu ihrem Leben, von der Schauspiellehrerin bis zum Müllsammler. Oral history at its best!

Lynn Pan: The Encyclopedia of the Chinese Overseas. Cambridge, Mass. 1999. Wer wirklich alles über alle Chinas dieser Welt wissen will, braucht diesen kiloschweren, reichbebilderten Ziegelstein. Kann auch als Waffe im Nahkampf verwendet werden.

Sidney Rittenberg / Amanda Bennett: The Man Who Stayed Behind. Duke University Press 2001. Ein Leben, das für drei reicht: Der US-Soldat Rittenberg blieb nach dem Zweiten Weltkrieg in China, wurde Mitglied der Kommunistischen Partei und während der Kulturrevolution ein berühmter Agitator. Später ging er zurück in die USA und wurde Millionär.

Stefan Schomann: Letzte Zuflucht Schanghai. Die Liebesgeschichte von Robert Reuven Sokal und Julie Chenchu Yang. München 2008. Mit seinen Eltern flüchtet Robert Sokal 1939 vor den Nazis von Wien nach Shanghai und lernt hier die Chinesin Julie kennen, die später seine Frau wird. Schomann erzählt diese außergewöhnliche Liebesgeschichte aus beiden Perspektiven und zeichnet dabei auch ein genaues Bild der jüdischen Emigrantenszene im Shanghai der vierziger Jahre.

Frank Sieren: *Der China-Schock. Wie Peking sich die Welt gefügig macht.* Berlin 2008. «Das koloniale Motto ‹Friss oder stirb› gilt nicht mehr. Die Kolonialzeit geht endgültig zu Ende. Die Asiaten übernehmen die Vorherrschaft.» Noch ein Buch, das besser ist als sein Untertitel.

Jonathan D. Spence: *God's Chinese Son. The Taiping Heavenly Kingdom of Hong Xiuquan.* New York 1996. Die Geschichte von Jesus Christus' jüngerem chinesischen Bruder, ausgezeichnet erzählt von dem besten Sinologen der USA.

Kai Strittmatter: *Gebrauchsanweisung für China.* München 2008. Der Klassiker unter den anderen Chinaführern, immer noch sehr angenehm zu lesen. Leider lebt der ehemalige Peking-Korrespondent der SZ seit 2005 in Istanbul. Da müssen eben andere ran.

Paul Theroux: *Riding the Iron Rooster. By Train Through China.* London 1989. Das zweitschönste, zweitlustigste und zweitcoolste China-Reisebuch aller Zeiten. Bester Satz: «The words ‹a Chinese city› had acquired a peculiar horror for me, like ‹Russian toilet›, or ‹Turkish prison›, or ‹journalist's ethics›.» Und dann noch etwa zweihundert beste Sätze mehr. (Die vollständige Liste schicke ich Ihnen gerne gegen zehn Euro in Briefmarken zu.)

Vielen Dank an den Chefsinologen Andreas Schlieker, die Redaktionen der taz-Wahrheit und des endgültigen Satiremagazins Titanic, an Ertuğrul Eren und die Agentur Tom Produkt, an Ulrike Haseloff und die Zentrale Intelligenz Agentur sowie ganz besonders an meine Dolmetscherin und Frau Yingxin Gong.